Descubra Juegos Gratis Online

Disponibles Aquí:

BestActivityBooks.com/FREEGAMES

5 CONSEJOS PARA EMPEZAR

1) CÓMO RESOLVER LAS SOPA DE LETRAS

Los rompecabezas tienen un formato clásico:

- Las palabras se ocultan sin espacios ni guiones,...
- Orientación: Las palabras pueden escribirse hacia delante, hacia atrás, hacia arriba, hacia abajo o en diagonal (pueden estar invertidas).
- Las palabras pueden superponerse o cruzarse.

2) APRENDIZAJE ACTIVO

Junto a cada palabra hay un espacio para anotar la traducción. Para fomentar un aprendizaje activo, un **DICCIONARIO** al final de esta edición te permitirá comprobar y ampliar tus conocimientos. Busca y anota las traducciones, encuéntralas en el puzzle y añádelas a tu vocabulario!

3) MARCAR LAS PALABRAS

Puedes inventar tu propio sistema de marcado. ¿Quizás ya usas uno? También puedes, por ejemplo, marcar las palabras difíciles de encontrar con una cruz, las que te gustan con una estrella, las nuevas con un triángulo, las raras con un diamante, etc.

4) ESTRUCTURAR EL APRENDIZAJE

Esta edición ofrece un **CUADERNO DE NOTAS** muy práctico al final del libro. En vacaciones, de viaje o en casa, podrás organizar fácilmente tus nuevos conocimientos sin necesidad de un segundo cuaderno!

5) ¿HABÉIS TERMINADO TODAS LAS PARRILLAS?

En las últimas páginas de este libro, en la sección **DESAFÍO FINAL**, encontrarás un juego gratis!

¡Rápido y sencillo! Echa un vistazo a nuestra colección de libros de actividades para tu próximo momento de diversión y aprendizaje, ¡a sólo un clic de distancia!

Encuentre su próximo reto en:

BestActivityBooks.com/MiProximoLibro

En sus marcas, listos, ¡Ya!

¿Sabías que hay unas 7.000 lenguas diferentes en el mundo? Las palabras son preciosas.

Nos encantan los idiomas y hemos trabajado duro para crear libros de la más alta calidad para tí. ¿Nuestros ingredientes?

Una selección de temas adecuados para el aprendizaje, tres buenas porciones de entretenimiento, y luego añadimos una cucharada de palabras difíciles y una pizca de palabras raras. Los servimos con cariño y máxima diversión para que puedas resolver los mejores juegos de palabras y te diviertas aprendiendo!

Tu opinión es esencial. Puedes participar activamente en el éxito de este libro dejándonos un comentario. Nos encantaría saber qué es lo que más le ha gustado de esta edición.

Aquí hay un enlace rápido a tu página de pedidos:

BestBooksActivity.com/Opiniones50

Gracias por tu ayuda y diviértete!

Todo el equipo

1 - Ajedrez

ل	خ	ط	ز	ع	ص	ع	م	أ	س	و	د	خ	ض
م	ل	ك	ة	ش	ق	ة	ح	ى	ب	ط	ل	و	ز
ى	ض	ر	ؤ	إ	س	ت	ر	ا	ت	ي	ج	ي	ة
م	ب	ن	ي	ل	ل	م	ج	ه	و	ل	ض	ق	ع
ق	ن	و	ح	ا	ى	ك	ا	ذ	ف	ع	ج	ط	ق
و	م	ا	ت	ع	ز	ا	ك	ف	ك	ل	آ	ر	ا
ا	ت	ل	ف	ب	ع	ب	غ	ذ	ج	ي	ؤ	ي	ل
ع	ط	و	ى	س	م	ب	و	ص	ف	ت	ن	ط	ن
د	و	ق	ئ	ك	ة	م	ئ	ز	ن	ع	ح	ز	ق
غ	د	ت	د	ؤ	ف	س	ر	ز	ص	ل	ر	ف	ا
ث	ف	ذ	ط	ؤ	آ	ا	ل	خ	ص	م	ع	ض	ط
ع	ض	ج	إ	ف	ت	ب	م	ن	ل	ع	ب	ه	ب
ل	ن	ع	ج	ط	م	ق	ل	ن	ل	م	ى	ث	ة
آ	ت	ت	ض	ح	ي	ة	م	ل	ك	ف	خ	ص	ج

ليتعلم
أبيض
بطل
منافسة
قطري
إستراتيجية
ذكي
لعبه
لاعب
أسود

الخصم
مبني للمجهول
النقاط
قواعد
ملكة
ملك
تضحية
الوقت
مسابقة

2 - Agua

خ	د	ش	ز	ش	ص	ك	غ	ا	ر	ق	ة	ب	ق
ع	ن	ه	ر	ط	و	ب	ة	ر	ل	ن	ي	ف	ن
ث	ل	ج	ن	ط	أ	م	و	ا	ج	ر	ق	ت	ا
ر	ع	ف	ج	ط	ب	ت	ب	خ	ر	ك	ي	ر	ة
ش	س	ب	ل	ث	خ	ض	ح	د	ا	ن	ز	م	ت
آ	ل	ف	ي	ض	ا	ن	ي	إ	و	ذ	س	م	س
ض	ر	غ	د	ت	ر	ا	ر	ع	ت	ق	ز	ح	ث
ج	ك	آ	ش	ث	م	م	ة	ص	ق	ي	ع	ي	و
م	س	ذ	ق	ع	و	م	ط	ا	ب	ا	ك	ط	ك
ط	خ	ذ	ش	ح	ج	ئ	ر	ر	ظ	ش	ق	ئ	ث
ز	ا	ى	ح	خ	ع	ش	ئ	ك	ا	ص	ن	س	ج
ع	ن	م	ي	ث	ف	ف	ل	خ	ب	آ	ر	ر	إ
ت	ى	خ	ش	ؤ	ؤ	ظ	ق	س	ق	ي	س	و	ك
ل	ى	ص	غ	ئ	ع	و	ت	س	خ	ش	ذ	ط	ص

قناة
دش
غارقة
تبخر
سخان
صقيع
جليد
رطوبة
إعصار
رطب

فيضان
بحيرة
مطر
ثلج
محيط
أمواج
الري
نهر
بخار

3 - Granja #2

ذ	ر	ا	ط	ل	ث	ر	خ	ر	و	ف	إ	ب	ط
ق	م	ح	ح	ر	ط	ذ	ذ	و	ج	ظ	ن	ق	ا
إ	و	ش	ط	ح	ظ	ي	ر	ة	ر	ج	ا	ث	ح
ى	ل	ز	ع	ل	إ	ز	س	ئ	ا	ن	ض	ئ	و
و	ا	ف	ا	ي	ث	ي	ف	ج	ر	م	ج	و	ن
س	ث	ق	م	ب	ر	ق	ا	ي	ا	ل	ر	ي	ة
ح	ب	و	ب	ذ	ر	ة	ك	ج	ل	ف	ظ	ج	ه
ط	ج	خ	م	ص	ة	ط	ه	ط	ر	ئ	ع	ذ	و
ش	ؤ	خ	م	ل	ش	ل	ة	ة	ا	ظ	ض	غ	ا
ف	ؤ	آ	ز	ه	ب	إ	ز	إ	ع	ط	ز	ل	ئ
ة	ف	ن	ا	ب	ط	ة	ح	ث	ي	ك	ل	ك	ي
ب	ط	ك	ر	ب	س	ت	ا	ن	ى	ك	ز	ق	ة
و	ث	ل	ع	ا	ل	ح	ي	و	ا	ن	ا	ت	ذ
ا	ل	خ	ض	ر	و	ا	ت	ا	ذ	ل	ث	ب	ة

مزارع
الحيوانات
شعير
طعام
فاكهة
حظيرة
بستان
حليب
لهب
ناضج

حبوب ذرة
طاحونة هوائية
خروف
الراعي
بطة
مرج
الري
جرار
قمح
الخضروات

4 - Mueble

م	د	ش	ؤ	آ	آ	س	ل	ض	ف	ج	ج	ك	ا
ض	ر	و	ز	ث	آ	ت	ق	ح	و	س	ا	ئ	د
م	ط	آ	ث	و	ن	ا	ي	ى	ت	ت	غ	ش	أ
د	ك	ض	ة	ش	ف	ئ	إ	ص	و	ؤ	آ	ع	ر
ي	م	ت	ذ	س	ك	ر	س	ي	ن	ؤ	ة	ح	ج
ط	ص	ف	ب	ر	ؤ	ر	ا	م	ق	ع	د	ل	و
ي	ى	و	ي	ي	ؤ	ف	ل	ش	ر	ف	و	ف	ح
ن	د	ن	ف	ر	م	ف	م	و	س	ا	د	ة	ة
ا	و	ز	ظ	د	ص	ؤ	ع	ؤ	ز	ئ	ت	ط	ش
ة	ي	ة	ئ	ذ	ب	أ	ز	ئ	ي	ج	ق	ب	ث
س	ا	ي	ض	ط	ا	ر	و	خ	ذ	د	ك	إ	إ
س	ج	ا	د	ة	ح	ي	ن	ج	ت	ح	ص	ة	و
س	ك	و	خ	ا	إ	ك	ش	ن	ي	ع	ز	ئ	ث
ب	ظ	د	ث	ذ	ث	ة	ز	آ	ج	ط	آ	و	ب

سجادة
وسادة
مقعد
سرير
وسائد
فراش
ستائر
مضمد
المعزون

مكتب
مرآة
رفوف
فوتون
أرجوحة
مصباح
كرسي
أريكة

5 - Pesca

ر	ش	ج	و	و	د	ة	ب	ص	ث	د	ع	ا	ص
م	ا	ء	خ	ت	ز	ك	إ	آ	ز	ح	ى	ل	ع
و	ز	ن	ذ	ط	ع	ظ	ف	ق	س	ف	ر	م	إ
ص	ب	ر	م	ب	ا	ل	غ	ة	ر	ئ	م	و	آ
ح	ح	ع	س	ؤ	ن	ف	و	ا	ذ	د	ؤ	س	ر
آ	ي	ق	غ	ق	ف	ف	ا	ل	ف	ؤ	و	م	ئ
ك	ر	ب	ا	ج	ب	ك	خ	خ	ص	م	خ	ي	م
غ	ة	ا	ط	ر	ز	ب	ا	ع	ي	ش	ت	ل	خ
ب	ك	ئ	ق	آ	ب	ب	ط	ن	ا	م	ق	آ	ط
ط	ج	ن	ج	ر	و	آ	ع	ل	ح	ح	ش	ص	ظ
م	ع	د	ا	ت	ع	م	م	ط	ي	ل	ض	ي	ص
ث	ن	ئ	ن	ز	و	ل	ع	إ	ط	ش	آ	ي	م
م	ث	م	ه	ذ	ز	ت	ب	ح	ا	ع	ي	ق	ب
س	ل	ة	ر	س	ل	ك	ش	ا	ط	ئ	ج	ذ	ظ

خطاف
بحيرة
فك
محيط
صبر
وزن
شاطئ
نهر
الموسم

ماء
زعانف
قارب
خياشيم
سلك
طعم
سلة
معدات
مبالغة

6 - Aviones

ا	ل	ت	ص	م	ي	م	م	ز	م	ذ	غ	ل	ى
م	ا	ز	آ	ل	ب	آ	ح	ة	ض	ر	م	آ	و
غ	ض	ح	ك	ط	ث	ط	ر	إ	ب	م	ا	ك	آ
ا	ط	إ	ظ	خ	ح	ن	ك	آ	ا	ح	ه	و	ص
م	ر	ا	ل	غ	ل	ا	ف	ا	ل	ج	و	ي	ح
ر	ا	ل	س	إ	ة	ث	ه	ب	و	ط	ا	ح	ز
ة	ب	ت	ث	م	م	غ	آ	ى	ن	و	ء	ة	ط
ب	ؤ	ن	ل	ا	ا	ط	إ	آ	ث	ا	ف	ئ	ن
م	ئ	ق	ق	ا	ط	ء	ر	ا	ك	ب	ء	ة	ف
ة	ب	ل	ا	ر	ت	ف	ا	ع	و	ط	ا	ق	م
ط	ي	ا	ر	ا	ت	ج	ا	ه	ق	ي	إ	ب	ت
ل	ط	ج	ض	ت	ه	ي	د	ر	و	ج	ي	ن	خ
ا	ل	ت	ا	ر	ي	خ	آ	ب	د	إ	ث	ل	ا
ض	ز	إ	ش	ق	ب	و	ض	ث	ط	س	ص	ت	ب

بالون
مراوح
هيدروجين
التاريخ
محرك
التنقل
راكب
طيار
طاقم
اضطراب

هواء
ارتفاع
هبوط
الغلاف الجوي
مغامرة
سماء
وقود
بناء
اتجاه
التصميم

7 - Tipos de Cabello

ث	و	ض	ط	ج	ن	س	ك	ل	ث	ى	ر	ل	م
ئ	ج	ر	ن	إ	ى	م	ج	ج	آ	ج	ى	ا	ج
ة	ش	م	ا	ط	ج	ي	ا	ظ	ج	ض	م	م	ع
ص	ش	ا	ع	ط	ع	ك	ف	ض	ة	ى	آ	ع	د
م	ح	د	م	و	ج	س	أ	ص	ل	ع	م	ش	ط
ئ	ذ	ي	ؤ	ي	ث	ر	ق	س	و	ي	ض	ل	ل
ة	أ	ئ	إ	ل	غ	م	ت	م	و	ج	ف	ئ	آ
ك	خ	ب	ن	ي	آ	ئ	آ	ى	ر	د	ر	ث	ؤ
د	ذ	ض	ي	ت	ج	ع	ي	د	ا	ل	ش	ع	ر
ن	ت	ش	م	ض	ظ	ظ	ى	ق	خ	إ	خ	م	ق
و	ص	س	ب	ر	ز	د	ت	ص	ض	أ	ز	ن	ي
ج	ع	ك	ل	ت	ذ	ق	آ	ي	ن	ش	ظ	ة	ق
ؤ	ي	ا	ل	ض	ف	ا	ئ	ر	خ	ق	ف	ر	ض
ن	ج	ع	ش	ح	إ	ل	ف	ة	ص	ر	ق	ى	ع

أبيض
لامع
أصلع
قصيرة
رقيق
رمادي
سميك
طويل
بني
أسود

متموج
فضة
مجعد
تجعيد الشعر
أشقر
صحي
جاف
ناعم
مضفر
الضفائر

8 - Ciencia Ficción

ك	و	ك	ب	ا	ل	ل	ط	ن	ا	ع	ض	ب	ا
ط	ه	ل	ل	ل	ا	ى	ط	ا	ل	م	ي	ض	ل
ك	م	غ	غ	ع	إ	ل	ت	ر	ك	د	ض	ز	ر
ا	ي	ق	ز	ا	غ	ط	س	م	ت	ط	ر	ف	و
م	ي	ق	آ	ل	ن	ع	ش	ي	ب	ع	ي	د	ب
ذ	و	و	ه	م	ص	و	ت	ق	ن	ي	ة	ا	و
غ	ا	س	ح	ي	ف	د	آ	ة	ظ	ا	ج	ت	ت
ا	ق	ي	ذ	ة	ا	ن	ف	ج	ا	ر	ر	و	ا
م	ع	ن	إ	ة	غ	غ	آ	ل	ذ	ا	م	ي	ت
ض	ي	م	و	م	س	ت	ق	ب	ل	ي	ة	غ	و
ف	خ	ا	د	ح	ظ	ط	إ	ن	ر	ا	ئ	ع	ا
غ	ت	ذ	ر	ي	ي	ي	و	ت	و	ب	ي	ا	ا
ا	ش	ب	ع	ض	ى	ظ	ة	خ	غ	ت	إ	د	ف
ب	ج	ز	ا	م	ز	ج	م	آ	ذ	ي	ؤ	ب	ث

وهمي
الكتب
غامض
العالمية
وحي
كوكب
واقعي
الروبوتات
تقنية
يوتوبيا

ذري
سينما
بعيد
السيناريو
انفجار
متطرف
رائع
نار
مستقبلية
وهم

9 - Juguetes

ف	د	ر	خ	ئ	ن	ث	ق	ا	آ	ل	ة	ض	ك
و	ق	ذ	ن	ب	س	ي	ا	ر	ة	ي	غ	ص	ر
ي	ط	ا	ئ	ر	ة	و	ر	ق	ي	ة	ب	ز	ة
ا	ل	ط	ب	و	ل	ط	ب	م	ش	ك	ئ	ج	ى
ف	س	إ	ا	ل	ك	ت	ب	ش	ا	أ	ط	ظ	ى
ر	و	ب	و	ت	ا	ى	ق	خ	ح	ل	ث	د	س
ر	ؤ	ظ	ف	ف	ل	ي	ط	ي	ن	ع	ح	آ	ث
ب	آ	ف	ي	ب	د	ت	ا	ا	ة	ا	ع	ر	م
ق	ي	ر	ش	آ	ه	ة	ر	ل	د	ب	ذ	ج	ف
ش	ط	ح	خ	إ	ا	ك	ى	و	ق	إ	ع	ا	ض
ط	ؤ	ا	ة	ف	ن	ل	ؤ	ش	ع	ظ	ط	ن	ل
ر	ن	ل	ئ	ل	ا	ظ	ك	س	د	ر	ا	ج	ة
ن	ذ	ة	ذ	ر	ت	ك	ظ	إ	ش	خ	آ	ت	ز
ج	ص	د	م	ي	ة	ض	إ	ك	ح	و	ك	ح	آ

شطرنج
طين
الحرف
طائرة
قارب
دراجة
كرة
شاحنة
سيارة
طائرة ورقية

مفضل
خيال
ألعاب
الكتب
دمية
الدهانات
روبوت
لغز
الطبول
قطار

10 - Circo

خ	ش	ع	ئ	م	ه	ر	ج	م	س	ط	ن	ذ	خ
إ	ي	و	و	و	ج	ص	ض	ث	ئ	ى	ئ	آ	د
ز	و	م	أ	س	د	ا	ظ	ا	ز	ك	ى	ب	ع
ي	ع	و	ة	ي	ب	ه	ل	و	ا	ن	س	ح	ر
م	ح	ر	ص	ق	ر	د	غ	غ	م	ب	ح	ا	ا
ق	ف	ل	ض	ى	ر	ك	ة	إ	ت	ي	ي	ل	ل
ج	آ	ك	و	ب	ج	إ	ك	ط	م	ب	ل	م	ف
ر	ا	ل	ح	ي	و	ا	ن	ا	ت	س	ة	ش	ي
ث	خ	ز	ب	ش	ا	ل	م	ح	ت	ا	ل	ا	ل
خ	ة	ز	ص	ي	ن	ت	و	ت	ر	ف	ي	ه	ذ
س	و	ز	ح	غ	ر	ق	ك	ض	ئ	إ	ج	د	ر
ا	ل	ن	ر	ض	ة	ط	ب	ا	ل	و	ن	ا	ت
ح	ت	م	ط	ل	ن	م	ر	ئ	ئ	ز	ش	ؤ	س
ر	ص	ل	ض	ذ	س	إ	ذ	آ	د	ب	ث	ئ	ؤ

بهلوان
الحيوانات
حلويات
خيمة
موكب
الفيل
ترفيه
المشاهد
بالونات
أسد

سحر
ساحر
المحتال
قرد
عرض
موسيقى
مهرج
نمر
زي
حيلة

11 - Rellenar

ح	ة	ظ	ر	آ	ن	إ	ز	ك	س	ط	ص	ة	ج
ق	ج	ب	س	ي	ك	ج	ب	ر	ذ	ص	ؤ	ق	ي
ي	ج	ر	د	ل	ا	خ	خ	ت	ن	ئ	غ	ض	ب
ب	ت	م	ف	ج	ج	و	ق	و	ب	و	ب	ن	أ
ة	ش	ي	ة	م	ز	ح	س	ن	م	ئ	ب	ح	ذ
س	ط	ل	إ	ئ	ب	ى	ك	ص	م	ز	ؤ	ث	ج
ف	د	ص	م	غ	ج	ع	ي	ح	ر	ث	ف	خ	ن
ر	ف	خ	ض	ف	ش	ن	خ	و	ظ	ة	ذ	د	ن
د	ق	ب	م	ش	ي	ي	د	ض	ة	إ	ئ	ا	ر
ش	ش	آ	ج	ة	إ	ث	ت	ج	ك	ف	ل	غ	م
ل	س	ؤ	ل	م	ة	ي	ر	ه	ز	ق	ة	ف	ع
آ	ل	ا	د	ة	ر	ج	د	ك	ف	ؤ	و	ب	د
ع	ة	ش	ث	ي	د	م	آ	ص	ص	ا	م	ذ	ج
ذ	ن	ة	ث	م	ا	ز	ش	س	ا	إ	و	ل	د

سلة
دلو
حوض
زهرية
حقيبة سفر
حزمة
مغلف
جرة
أنبوب

صينية
برميل
كيس
جيب
زجاجة
قفص
الدرج
مجلد
كرتون

12 - Granja #1

ج	س	م	ا	د	ش	م	ت	ز	إ	ح	ص	ا	ش
ا	ل	أ	ر	ض	أ	ر	ز	ر	ة	ز	م	ئ	ل
ئ	ن	ظ	و	ن	ى	د	ض	ا	ل	م	ر	ا	ا
ا	ؤ	ب	م	ح	ع	ج	ل	ع	ل	ة	ر	ا	ر
ك	ظ	ي	ش	ل	م	ا	ا	ة	ي	ز	ق	ض	ذ
ل	ظ	ؤ	س	ة	ت	ج	و	ع	س	ل	ع	ر	ج
ح	ذ	غ	ر	ا	ب	ة	ت	ا	د	آ	ة	ى	ص
ك	ص	غ	ت	د	ن	غ	ك	ج	ض	ط	غ	ؤ	ؤ
د	م	ا	ع	ز	ئ	ص	د	ص	ش	ي	ح	ف	ف
آ	غ	آ	ن	ظ	س	ي	ا	ج	ة	ب	ق	ر	ة
ص	ر	ؤ	ئ	ا	ب	ط	ذ	ج	ج	ك	ل	ب	ئ
ل	و	ح	ق	ا	ة	ك	ض	ع	إ	ل	ظ	ذ	غ
ة	ن	إ	ص	ط	ج	ت	ب	ن	ي	ع	ش	و	ط
ح	ا	ح	م	ا	ء	ب	ي	ج	غ	ن	ئ	ر	ج

نحلة	قط
زراعة	تبن
ماء	عسل
أرز	كلب
حمار	دجاج
حصان	بذور
ماعز	عجل
حقل	الأرض
غراب	بقرة
سماد	سياج

13 - Camping

ل	ر	ا	ل	ح	ي	و	ا	ن	ا	ت	ق	ؤ	ن
ط	ر	ل	ل	خ	ل	غ	إ	ئ	ل	غ	ب	خ	ا
ب	ن	م	ت	ا	ل	ن	ذ	إ	ب	ي	ع	ى	ر
ي	و	ق	ن	ي	ت	ز	م	آ	ض	ض	ة	ؤ	ع
ع	ط	ص	ة	م	ى	ث	ع	ض	ق	م	ر	ض	ع
ة	آ	و	ل	ص	م	أ	ش	ظ	ف	غ	ا	ب	ة
ح	ش	ر	ل	ة	ع	ر	ؤ	ح	ع	ا	ؤ	ر	آ
و	ب	ة	ت	ر	د	ج	ج	ب	ل	م	ن	ذ	خ
ي	ا	ل	إ	ا	ا	و	ب	ح	ي	ر	ة	و	ئ
ا	ل	ص	ي	د	ت	ح	ا	ش	ظ	ة	س	ت	س
ا	ز	ر	إ	ط	س	ة	خ	ر	ي	ط	ة	ص	إ
ش	و	ش	م	ع	ى	ل	ا	ة	إ	ص	ب	ل	ش
ق	ر	ا	ل	أ	ش	ج	ا	ر	ة	ص	د	ث	ي
و	ق	ر	إ	ذ	ث	ض	ك	ك	ذ	ى	آ	ظ	م

الحيوانات
مغامرة
الأشجار
غابة
بوصلة
المقصورة
الزورق
الصيد
حبل
معدات

نار
أرجوحة
حشرة
بحيرة
فانوس
قمر
خريطة
جبل
طبيعة
قبعة

14 - Fruta

إ	م	ف	ت	ؤ	أ	ى	خ	ك	خ	ع	ت	ج	د
س	ن	ب	ص	ث	د	ف	ز	م	غ	ا	ك	و	ز
ض	ل	ك	م	ث	ر	ى	و	ة	ظ	م	ل	ز	و
م	ش	م	ش	ا	إ	ل	ا	ك	ن	ت	ف	ا	ح
ل	ف	ة	ث	ع	ن	ب	ن	أ	ا	ر	ك	ل	ب
ي	خ	و	خ	خ	ا	ج	د	ن	ص	د	ح	ه	ر
م	ظ	ب	ق	ح	ى	ص	و	ا	خ	ر	و	ن	ت
و	ك	ي	و	ي	ر	ص	د	ن	ث	ج	ش	د	ق
ن	ر	ر	ز	د	ح	م	ف	ا	ف	ض	ظ	ي	ا
ت	ز	ي	ق	ى	ف	و	ا	س	ؤ	ى	ص	ظ	ل
ب	ر	ق	و	ق	غ	ز	ك	ن	ن	ش	ؤ	ك	ي
ص	م	ب	ا	ب	ا	ي	ا	ك	ز	ض	س	ع	ظ
ت	و	ت	ا	ل	ع	ل	ي	ق	ب	ي	ب	ب	ع
ك	ش	ز	ض	ي	ع	م	ي	ش	م	ا	م	س	ق

أفوكادو
مشمش
بيري
كرز
برقوق
جوز الهند
توت العليق
رمان
كيوي
ليمون

مانجو
تفاح
خوخ
شمام
برتقالي
بابايا
كمثرى
أناناس
موز
عنب

15 - Geología

س	ئ	ؤ	ب	ذ	س	ذ	ط	ه	ت	ا	ج	د	ق
ؤ	ظ	ب	ز	ق	خ	و	ب	ض	ك	ل	م	ك	ش
ت	ة	ق	ط	ن	م	ة	ق	ب	ط	ب	ق	ع	ظ
ف	ت	ا	ر	و	ل	ب	ش	ة	ض	ش	ق	ى	ر
ة	ر	ئ	ض	م	ح	ح	و	ر	م	ة	ر	ا	ق
ؤ	ل	ط	ح	ع	د	ف	ج	ي	ا	ا	ل	ل	ص
م	ن	و	ن	ا	ك	ر	ب	م	ل	ص	ب	م	ن
ا	م	ن	ا	خ	س	ي	ي	ك	و	ل	ي	ر	ط
و	ن	ا	ئ	ق	د	ة	ل	ا	ز	ل	ز	ج	خ
ض	ش	ت	ح	ج	ن	س	ع	ي	ؤ	ن	ا	ا	خ
ذ	ذ	آ	ط	ذ	ي	د	ا	د	ع	ل	ز	ن	ص
ف	ه	ك	ح	و	ق	ي	ق	ط	ح	إ	ة	ش	ذ
م	ؤ	ل	م	ت	ص	ح	د	م	ج	ج	ل	ئ	ظ
ن	د	ا	ع	م	ل	ا	م	ي	ر	و	إ	م	ق

حفرية
سخان
الحمم
هضبة
المعادن
حجر
ملح
زلزال
بركان
منطقة

حمض
الكلسيوم
طبقة
كهف
قارة
المرجان
بلورات
مرو
تآكل
الصواعد

16 - Plantas

ع	ش	ب	ش	غ	ا	ب	ة	و	ر	ق	ة	ذ	ظ
ذ	ع	ش	ل	ا	ل	ب	ت	ل	ة	ن	ب	ت	ئ
د	خ	ش	ب	ب	ن	أ	م	ي	س	ة	ذ	و	ب
ش	ك	ز	ل	ح	ب	و	ش	ك	ع	م	ة	ح	ي
ق	ج	ه	ا	د	ا	ر	ظ	آ	ل	ج	ا	غ	ر
ى	ذ	ر	ب	ي	ت	ا	ئ	ص	م	ك	ي	د	ي
ف	ر	ة	ة	ق	ي	ق	ش	ب	ا	م	ب	و	ز
د	ا	غ	ص	ة	ة	ا	س	ا	ل	ل	و	ذ	ث
ي	د	ص	آ	ة	م	ل	ج	ر	ن	ط	ى	ف	ف
ع	ز	ل	و	و	ج	ش	ج	خ	ب	ح	خ	ؤ	خ
ا	ع	ف	م	ل	ف	ج	ت	ذ	ا	ل	ط	ع	ئ
ط	د	ى	ئ	ج	ي	ر	ق	ظ	ت	ب	ص	ز	ج
ى	غ	ج	د	آ	إ	ا	ئ	ب	ئ	ى	ز	ح	س
د	غ	ف	إ	م	غ	س	د	ة	ص	ك	خ	ط	ف

بوش
شجرة
بامبو
بيري
غابة
علم النبات
صبار
سماد
زهرة
النباتية

أوراق الشجر
فاصوليا
لبلاب
عشب
ورقة
حديقة
طحلب
البتلة
جذر
نبت

17 - Suministros de Arte

د	ف	د	ا	ل	ب	ا	س	ت	ي	ل	ب	ش	ن
ئ	أ	ق	ل	ا	م	ا	ل	ر	ص	ا	ص	ط	ي
ن	ف	ط	ح	ب	ر	س	ل	د	ي	و	ك	ى	ش
خ	ر	ق	ا	أ	ل	و	ا	ن	م	ا	ئ	ي	ة
ا	ش	ذ	م	ا	ء	ر	ط	ط	ك	ر	س	ي	م
ل	ل	ف	ل	ا	ن	ق	ج	ا	ي	ق	ح	ص	م
أ	إ	أ	إ	ب	د	ا	ع	ع	و	ن	ذ	ى	ز
ل	ج	ك	ف	م	م	ح	ا	ة	ق	ل	ص	ظ	ق
و	ف	ر	ئ	ك	ت	ر	ق	ث	ش	إ	ة	ذ	ر
ا	ج	ي	آ	ا	ا	ج	س	ى	ع	ي	م	د	ض
ن	ة	ل	و	م	ف	ر	ظ	ف	آ	ك	د	آ	آ
ت	ك	ي	خ	ي	ئ	ط	ش	ص	ط	إ	و	خ	غ
د	ع	ك	ش	ر	س	آ	ث	م	ف	ن	غ	س	ي
ا	ل	د	ه	ا	ن	ا	ت	غ	آ	ن	ؤ	و	د

نفط
أكريليك
ألوان مائية
ماء
طين
ممحاة
الحامل
كاميرا
فرش
الألوان

إبداع
الأفكار
أقلام الرصاص
طاولة
ورق
الباستيل
صمغ
الدهانات
كرسي
حبر

18 - Jardín

س	ز	ض	ر	ح	ش	ج	ؤ	إ	ت	أ	غ	ل	ش
ظ	إ	ا	ن	ت	ح	ت	ط	ف	ي	ش	ع	ج	ج
م	ق	ع	د	ط	خ	ؤ	ظ	ي	ا	ع	ظ	س	ر
أ	ج	ا	ل	ت	ر	ا	م	ب	و	ل	ي	ن	ة
ر	ة	ر	و	م	ط	إ	ص	س	ى	ا	ع	ذ	ن
ج	ج	ة	ف	ئ	و	ن	ط	ت	ئ	ل	إ	ن	و
و	ث	ص	آ	ة	م	ؤ	ب	ا	آ	ن	ر	ز	ز
ح	ف	ب	س	ي	ا	ج	ة	ن	ك	ا	غ	ت	ف
ة	ك	ع	و	ت	س	ئ	ش	ز	ت	ر	ب	ة	ة
ا	غ	ش	و	ش	ى	ا	ص	ه	ح	ح	ا	ح	ص
س	ع	ب	ا	ل	ص	خ	و	ر	ي	د	ث	ج	ؤ
ب	ر	ك	ة	ا	خ	ش	ذ	ة	ط	ي	ا	ع	م
ر	و	ا	ق	ق	ى	ة	ل	ص	س	ق	د	ع	ت
ا	ل	أ	ع	ش	ا	ب	ى	آ	ط	ة	ض	ح	ى

بوش
شجرة
مقعد
بركة
زهرة
كراج
أرجوحة
عشب
بستان
حديقة

الأعشاب
خرطوم
مجرفة
رواق
أشعل النار
الصخور
تربة
مصطبة
الترامبولين
سياج

19 - Países #2

ا	س	أ	ا	ا	أ	ث	ت	ر	أ	ا	ي	ذ	أ
ل	و	و	ل	ل	ل	ا	و	س	و	ل	س	ح	ث
ن	ر	ك	د	ب	ب	ي	ج	ل	غ	س	ك	ؤ	ي
م	ي	ر	ن	ر	ا	إ	ا	ؤ	ن	و	ي	ة	و
س	ا	ا	م	ت	ن	ن	م	ب	د	د	أ	ا	ب
ا	ز	ن	ا	غ	ي	د	ا	ا	ا	ا	س	ت	ي
ا	ك	ي	ر	ا	ا	و	ي	ك	ك	ن	ت	م	ا
ع	ل	ا	ك	ل	آ	ن	ك	س	ل	ث	ر	ص	ب
م	ق	ي	ئ	و	ت	ي	ا	ت	و	ي	ا	ظ	ع
ض	ض	ق	و	ض	إ	س	ظ	ا	ب	ث	ل	آ	ن
ذ	ى	ت	ذ	ن	ا	ي	ذ	ن	ؤ	آ	ي	ج	ذ
ك	ن	ة	ع	ز	ا	ا	إ	ذ	ش	ض	ا	ي	غ
ل	إ	م	ذ	ر	ج	ن	ا	ل	م	ك	س	ي	ك
أ	ي	ر	ل	ن	د	ا	ف	ر	ن	س	ا	غ	ة

ألبانيا
أستراليا
النمسا
الدنمارك
أثيوبيا
فرنسا
اليونان
إندونيسيا
أيرلندا
جامايكا

اليابان
لاوس
المكسيك
باكستان
البرتغال
روسيا
سوريا
السودان
أوكرانيا
أوغندا

20 - Tecnología

ة	ي	ت	ا	ب	إ	م	ا	ل	إ	ح	ص	ا	ء
ى	ط	ؤ	ص	ر	ذ	ف	ل	ذ	ر	ع	ط	ك	ا
ا	ر	ك	ج	ش	ذ	م	ق	ا	ت	س	ت	ر	ل
ر	ل	ا	ل	م	ؤ	ش	ر	ح	س	ش	خ	ط	ح
ر	ض	م	ل	ف	ر	ف	ب	ح	ص	ا	ح	ف	ا
س	إ	ن	ت	ر	ن	ت	ا	ر	أ	ش	إ	ي	س
ا	ش	آ	ث	ص	ب	ئ	ي	آ	م	ة	آ	ر	و
ل	ت	ر	ص	د	ف	ن	ت	ر	ن	ج	ئ	و	ب
ة	ط	س	ق	ا	ل	ح	ر	س	ت	ك	ي	س	ض
ة	غ	ا	ى	م	د	و	ن	ة	ص	ا	ذ	ا	د
ر	ا	م	غ	خ	ي	د	د	ئ	م	م	خ	د	ت
ا	ل	ب	ي	ا	ن	ا	ت	ص	ت	ي	ى	ش	غ
ر	ى	ا	ف	ت	ر	ا	ض	ي	ة	ر	ب	ح	ث
ة	ق	ح	ل	ى	آ	إ	م	ا	ص	ا	ف	ذ	ب

ملف
مدونة
بايت
كاميرا
المؤشر
البيانات
رقمي
الإحصاء
خط
إنترنت

بحث
رسالة
المتصفح
الحاسوب
شاشة
أمن
برمجيات
افتراضية
فيروس

21 - Números

ا	خ	ك	ث	ث	ث	ز	ز	د	ص	ض	س	ز	د
ث	م	ض	م	ظ	ط	س	ا	س	ض	ت	ت	ن	س
ن	س	ط	ا	ج	ت	ث	ب	ع	ة	ث	ة	ط	ى
ا	ة	ع	ن	ي	ش	ع	و	ة	د	ت	ع	ا	ص
ع	ع	ش	ي	ك	ة	س	د	أ	ف	س	ش	ف	د
ش	ش	ر	ة	ع	ر	ب	ة	ر	ش	ع	ر	ا	ن
ر	ي	ر	ش	ن	ح	ع	آ	ب	غ	ة	س	م	خ
ز	ط	ر	ح	ي	ة	ة	د	ع	ن	و	ر	ش	ع
أ	ح	ئ	ئ	ص	إ	ث	و	ة	ا	ج	ى	ض	و
ر	ش	ع	ة	ث	ا	ل	ث	ع	ي	ي	ؤ	ي	ا
ب	ل	س	ؤ	ط	آ	ا	ة	ش	ع	ع	ل	س	ث
ع	آ	ي	آ	ذ	س	ث	س	ر	ح	ك	س	ت	ن
ة	س	ا	ر	ش	ع	ة	ي	ن	ا	م	ث	ؤ	ا
ح	ز	ط	ع	و	ق	ر	ش	ع	ة	ع	س	ت	ن

اثنا عشر
اثنان
تسعة
ثمانية
خمسة عشر
ستة
سبعة
ثلاثة عشر
ثلاثة
عشرون

أربعة عشر
صفر
خمسة
أربعة
عشري
تسعة عشر
ثمانية عشر
ستة عشر
سبعة عشر
عشرة

22 - Mitología

ك	ا	ر	ث	ة	ة	س	ل	ث	ا	ذ	و	آ	غ
ا	ل	غ	ي	ر	ة	ل	ج	ق	ل	آ	ر	ك	ث
أ	س	ط	و	ر	ة	و	ق	ا	م	س	خ	ع	ق
س	م	ح	ا	ر	ب	ك	و	ف	ع	م	ت	ف	د
خ	ا	خ	خ	ل	و	د	ة	ة	ت	ذ	ي	ق	ش
ا	ء	ى	ل	ئ	د	ؤ	ل	ث	ق	ط	ح	ت	ظ
ض	ف	ض	ؤ	و	ك	خ	آ	ظ	د	ظ	ا	إ	ص
ك	ى	ؤ	ق	آ	ق	ط	ى	ئ	ا	ط	ل	ز	ة
ا	ل	آ	ل	ه	ة	م	ظ	ي	ت	ظ	خ	ك	ص
ا	ن	ت	ق	ا	م	ت	ب	ر	ق	ث	ث	ح	ث
ط	م	آ	ب	ى	ى	ا	ط	ح	خ	ف	ض	ح	ت
و	ص	ذ	غ	ر	ح	ه	ل	ج	ل	ت	ب	ذ	ك
ن	ز	إ	ل	ف	ؤ	ة	ح	د	ق	م	ا	ط	ج
ض	ع	د	ح	ط	ن	ق	ؤ	د	إ	س	م	ئ	ط

الغيرة
السماء
سلوك
خلق
المعتقدات
مخلوق
ثقافة
الآلهة
كارثة
قوة

محارب
بطل
خلود
متاهة
أسطورة
مسخ
مميت
برق
رعد
انتقام

23 - Ecología

ط	ا	م	ن	ا	خ	ل	ن	ك	ج	ة	ف	س	د
آ	ب	ي	ب	ن	ظ	ر	و	ب	ف	ك	ت	د	خ
ظ	د	ي	ت	ض	ق	ي	ع	د	ا	ه	و	ا	ر
ى	ذ	آ	ع	ن	ج	ا	ة	ن	ف	ت	ك	م	إ
ز	ؤ	و	ا	ي	ف	ا	ث	ى	ي	ز	ا	ج	ج
ظ	د	ث	ل	ق	ا	ل	م	و	ئ	ل	ع	ت	ؤ
ن	ص	ف	م	خ	ل	ح	ط	ع	ذ	ك	ا	م	ي
ن	ض	ا	ت	ز	ن	ي	آ	ب	ق	ة	ل	ع	ل
م	ذ	ل	ط	و	ب	و	ف	ى	ي	ك	م	ا	ج
س	ق	م	و	ر	ا	ا	ب	ك	ع	ع	ي	ت	إ
ت	ن	و	ع	ي	ت	ن	د	ن	ن	ن	ة	ى	ر
د	د	ا	و	ع	ي	ا	ا	ل	ب	ح	ر	ي	ة
ا	س	ر	ن	ذ	ة	ت	ص	ذ	ر	ا	ذ	ؤ	ن
م	ض	د	ب	ا	ل	أ	ن	و	ا	ع	ب	إ	إ

طبيعة
اهوار
نباتات
الموارد
جفاف
مستدام
نجاة
نوع
نبت
المتطوعون

مناخ
مجتمعات
تنوع
الأنواع
الحيوانات
النباتية
عالمي
الموئل
البحرية
طبيعي

24 - Casa

ل	ص	و	إ	و	ذ	ح	م	ر	آ	ة	ئ	ت	ف
د	ة	ن	ج	آ	ن	ا	ف	ذ	ة	ز	إ	ق	ا
د	ج	ن	ب	ا	ب	ئ	س	ب	ر	ن	و	ط	ئ
إ	ز	ن	س	و	ص	ط	ق	ة	ض	غ	غ	ز	ا
د	ش	إ	ج	ى	ر	ج	ف	ئ	إ	ص	ا	ث	ة
م	ص	ب	ا	ح	م	آ	ش	ذ	ت	ط	ى	م	ؤ
ط	ك	ت	د	د	د	غ	ع	ل	ى	س	ث	ظ	ث
ب	س	ت	ة	ي	خ	ق	ط	ث	ث	ذ	ي	ن	ز
خ	ن	ض	ب	ق	ن	ب	م	ك	ن	س	ة	ا	س
أ	ر	ض	ي	ة	ة	و	ط	ئ	ى	ط	خ	ل	ج
خ	ن	خ	ج	خ	ط	إ	د	ق	ا	ع	ع	ى	غ
ذ	آ	ت	ث	ظ	ص	ل	م	ن	ض	ل	إ	ذ	ئ
ف	ب	ظ	د	ث	ش	ك	ر	ا	ج	ب	ك	ز	ت
آ	غ	ي	غ	ر	ف	ة	ن	و	م	ه	غ	ق	ي

سجادة
علبه
مكتبة
مدخنة
مطبخ
غرفة نوم
دش
مكنسة
مرآة
كراج

صنبور
حديقة
مصباح
حائط
أرضية
باب
قبو
سقف
سياج
نافذة

25 - Artes Visuales

ا	ق	إ	ب	ح	ك	ن	ض	خ	خ	ب	م	ذ	ف
ف	ل	آ	ج	ا	م	ن	ظ	و	ر	ف	ح	م	ن
ا	م	ل	ط	م	ا	ل	ش	م	ع	ف	ط	غ	ا
ل	ذ	ب	و	ل	ث	ب	ر	س	م	ص	ي	ى	ن
ن	ض	ي	و	ح	ص	و	ر	ة	ت	خ	ن	ل	د
ح	خ	ئ	ف	ع	ة	ا	ل	إ	ب	د	ا	ع	م
ت	ز	ث	د	ا	ر	ا	ن	ض	ض	ك	ص	س	ر
ج	ش	ب	ل	ت	ي	ى	ل	ك	ض	غ	ت	ع	ت
و	ك	ش	ص	ذ	ب	ك	و	ف	ت	ث	ض	ف	س
د	و	ب	ك	ت	ك	و	ي	ن	خ	و	ج	ن	س
د	ر	س	ب	ح	ك	ض	ل	ى	ذ	ا	ئ	ج	ب
غ	ن	إ	إ	ف	ئ	س	ث	ق	ذ	ث	ر	آ	ئ
ع	ي	ي	ج	ة	ن	و	ئ	ط	ب	ا	ش	ي	ر
ق	ش	ه	ن	د	س	ة	م	ع	م	ا	ر	ي	ة

طين
هندسة معمارية
فنان
ورنيش
حامل
فحم
الشمع
الفخار
تكوين

الإبداع
النحت
قلم
تحفة
فيلم
منظور
اللوحة
صورة
طباشير

26 - Escuela #2

ح	م	ق	خ	ز	ص	ب	ؤ	و	ض	ك	ز	غ	ق
ت	ق	و	ي	م	ل	ا	ب	س	ت	ف	ئ	أ	ل
ا	ا	ي	ن	ق	ث	ز	س	ت	ص	ن	ث	ك	م
ل	م	ؤ	ب	ص	إ	م	ئ	ئ	أ	ط	ح	ا	ل
ح	و	ف	ص	ة	م	ح	ل	ش	ل	ح	ذ	د	ن
ا	س	ن	و	ع	ظ	ث	س	ب	ع	ذ	ى	ي	ق
س	ح	ح	م	ل	آ	ه	ص	ق	ا	ع	ل	م	ت
و	ي	ع	د	ر	ح	و	ر	ق	ب	م	ض	ي	ع
ب	ش	ق	ر	ا	ء	ة	ق	و	ا	ع	د	ك	ل
ك	م	ى	س	ح	ا	ف	ل	ة	م	ل	م	ظ	ي
إ	ص	ا	ل	ل	و	ا	ز	م	آ	س	ك	د	م
أ	د	ب	د	ت	ؤ	ص	ى	ف	ل	ص	ت	ت	ئ
ح	ئ	ى	ى	ل	ن	ث	خ	ئ	غ	ن	ب	ع	ب
ت	آ	ط	ش	ة	ك	ح	ظ	ا	ى	ق	ة	ض	ض

أكاديمي
حافلة
مكتبة
تقويم
علم
قاموس
تعليم
قواعد
ألعاب
قلم

قراءة
الكتب
أدب
حقيبة ظهر
الحاسوب
ورق
مدرس
ملابس
اللوازم
مقص

27 - Selva Tropical

ع	س	ا	ن	ا	ا	ل	ح	ش	ر	ا	ت	ن	ا
ط	ح	ل	ب	ح	ع	ذ	ي	م	ل	ج	أ	ج	س
ح	ا	ب	ا	ت	ن	و	ع	ن	ك	ص	ق	ا	ت
آ	ب	ر	ت	ر	م	ق	ة	ا	ى	ظ	ع	ة	ع
ظ	ش	م	ي	ا	آ	ي	ق	خ	ر	ف	ش	ح	ا
ا	ي	ا	ر	م	ظ	م	ش	ى	ذ	ع	ي	ئ	د
ل	ؤ	ئ	آ	ي	ك	ة	آ	ج	ظ	ض	ج	ى	ة
أ	غ	ي	ا	أ	إ	ض	ظ	و	ق	ج	ث	خ	إ
ن	ئ	ا	ل	ق	ص	ا	ل	ث	د	ي	ي	ا	ت
و	د	ت	ط	ؤ	ث	ل	ح	ح	ط	ب	ي	ع	ة
ا	خ	ف	ي	ل	ع	غ	ي	م	ف	و	ث	ذ	س
ع	ث	ن	و	ج	ن	ا	آ	ح	ل	ظ	ش	ك	غ
ف	ر	ص	ر	ح	س	ب	م	ة	ف	ة	آ	ق	ف
ى	ر	س	ق	ج	ب	ة	ك	ب	ع	خ	ح	ث	خ

البرمائيات
نباتي
مناخ
ملة
تنوع
الأنواع
أصلي
الحشرات
الثدييات
طحلب

طبيعة
سحاب
الطيور
حفظ
ملجأ
احترام
استعادة
الغابة
نجاة
ذو قيمة

28 - Colores

ق	ز	خ	ك	و	د	ة	ب	ع	ذ	ج	ذ	ة	ع
ق	ر	ض	ئ	خ	ص	ف	ا	ت	ج	ت	ز	ض	غ
ن	ح	م	ض	ت	د	د	خ	ق	ز	د	س	ظ	ة
ف	ق	أ	ز	غ	ج	إ	ض	أ	ح	م	ر	د	ك
و	ب	ب	ن	ي	د	ا	ك	ن	س	ز	خ	غ	ل
ش	ع	ي	ا	ز	ر	ق	س	م	ا	و	ي	ئ	م
ي	ش	ض	ك	ن	ي	ل	ي	ش	ف	ذ	د	ذ	ب
ا	ر	م	ج	ة	م	ف	د	خ	خ	ق	م	ب	أ
ف	م	ؤ	ض	ر	ق	ؤ	ز	ذ	أ	خ	ض	ر	ز
ح	ا	ب	ن	ي	ا	أ	ز	و	ر	ئ	خ	ت	ر
خ	د	ن	ث	إ	ئ	ص	إ	ح	ئ	ق	ي	ق	ق
ط	ي	ف	ث	ث	د	ف	ن	ب	ل	و	ي	ا	ش
ص	ط	س	ذ	ص	و	ر	د	ي	ش	ذ	ظ	ل	ض
ة	ج	ج	ذ	ك	ص	أ	ر	ج	و	ا	ن	ي	غ

أصفر
أزرق
أزور
بيج
أبيض
قرمزي
ازرق سماوي
فوشيا
رمادي
نيلي

بني
برتقالي
أسود
أرجواني
أحمر
وردي
بني داكن
أخضر
بنفسج

29 - Adjetivos #1

ي	ش	ئ	و	و	ل	د	س	ب	ض	ة	ز	ع	ز
ن	د	ا	ك	ن	ش	ط	م	إ	ش	ر	آ	ظ	غ
ف	ت	ض	ب	ك	ة	ج	ب	ض	ث	ت	ب	غ	ف
ج	د	ي	خ	ا	ح	آ	ح	غ	ث	ش	ث	و	ث
ا	ك	ث	ط	م	و	ح	ك	ر	ي	م	ط	ل	ق
ش	ج	ق	غ	ل	ش	ح	ح	ؤ	ل	ش	ك	خ	ا
د	ذ	ي	ذ	و	ق	ي	م	ة	إ	ر	ظ	ة	ش
آ	ا	ل	ج	ب	و	د	ك	ز	آ	ق	ى	م	ل
غ	ب	ك	ا	ن	ع	ل	ا	ب	ب	ذ	ط	إ	و
ب	ط	ي	ء	ز	س	ن	ؤ	ا	ي	ك	م	ظ	ن
م	ه	م	ا	ل	ب	ر	ي	ء	ص	ر	ش	ؤ	ا
ت	ش	خ	ح	د	ي	ث	ة	ز	ا	ج	ؤ	ش	غ
ز	م	س	ة	ذ	ق	ح	ت	ك	ط	ف	ص	ا	و
و	ص	ا	د	ق	ي	ص	ع	ط	ر	ي	ئ	ح	ف

مطلق
نشط
طموح
عطري
جذاب
مشرق
ضخم
كريم
كبير
صادق

مهم
البريء
شاب
بطيء
حديث
داكن
كامل
ثقيل
جدي
ذو قيمة

30 - Familia

ن	ز	ح	ق	ح	ة	خ	س	ت	إ	ر	م	ن	س
ا	ة	ش	أ	ج	ق	ق	ي	ئ	ع	س	ر	ض	آ
ل	ب	ط	خ	ج	ا	ب	ن	ة	ب	آ	ح	م	ذ
أ	م	ن	ت	ا	ل	ع	م	ى	ق	ش	ل	آ	ؤ
م	ئ	ت	ع	إ	ش	س	ع	ج	ؤ	ق	ة	إ	ص
ض	م	م	ت	م	ط	آ	ة	ر	ع	ي	ا	ع	ر
ا	ب	ن	أ	خ	ذ	ف	ع	م	ة	ق	ل	ك	ر
ا	س	ر	ف	ة	ش	ا	ل	ز	و	ج	ط	ح	م
ز	ل	ا	ل	أ	ب	ح	إ	و	ى	د	ف	ف	ا
غ	ف	أ	ظ	ظ	ؤ	ر	إ	ج	ة	ش	و	ي	ذ
ج	ع	ص	ط	ط	ظ	د	ص	ة	ن	ب	ل	د	ق
د	ص	ث	ع	ف	ش	م	ئ	ك	ذ	ض	ة	س	س
ة	أ	ب	ع	ب	ا	س	ظ	ت	ك	ز	ش	ث	ن
ة	إ	ح	ن	ى	إ	ل	ف	ر	ت	ة	م	و	آ

الأم
حفيد
طفل
الأطفال
أب
الأب
ابن عم
ابن أخ
عمة
العم

جدة
جد
سلف
زوجة
أخت
شقيق
ابنة
مرحلة الطفولة
أم
الزوج

31 - Disciplinas Científicas

ع	ش	ك	ع	ل	م	ا	ل	م	ن	ا	ع	ة	ج
ل	ل	ح	ي	ع	ل	م	ا	ل	ن	ف	س	ث	ي
م	ع	م	ب	م	ن	ج	س	س	ز	ك	ى	ب	و
ا	ل	ي	ا	ي	ي	س	ة	ي	آ	ل	ل	ض	ل
ل	م	ك	س	ل	و	ا	ج	ؤ	ث	ز	ف	ل	و
ف	ا	ا	غ	ض	ب	ل	ء	ت	ل	ئ	ي	س	ج
ل	ل	ن	ف	ي	ز	ي	و	ل	و	ج	ي	ا	ي
ك	أ	ي	خ	ا	ز	ظ	ئ	ج	ث	ر	و	ن	ا
ت	ع	ك	و	ز	ع	ا	ش	ة	ي	ث	ذ	ي	ت
غ	ص	ا	ع	ل	م	ا	ل	ن	ب	ا	ت	ا	ش
ذ	ا	ع	ل	م	ا	ل	م	ع	ا	د	ن	ت	ر
ي	ب	ع	ل	م	ا	ل	ا	ج	ت	م	ا	ع	ي
ة	م	ف	ا	ل	ف	ي	ز	ي	ا	ء	ى	إ	ح
ع	ل	م	ا	ل	آ	ث	ا	ر	ة	ا	ؤ	ح	ص

تشريح
علم الآثار
علم الفلك
بيولوجيا
علم النبات
علم البيئة
فيزيولوجيا
الفيزياء
جيولوجيا

علم المناعة
لسانيات
ميكانيكا
علم المعادن
علم الأعصاب
تغذية
علم النفس
كيمياء
علم الاجتماع

32 - Gatos

غ	خ	ح	ظ	ك	إ	خ	ظ	ة	ؤ	ث	ب	ظ	ق
ن	ق	ش	ص	ي	ا	د	خ	ج	و	ل	س	ر	ل
ف	أ	ر	ي	د	آ	ش	ن	ئ	ذ	ى	ر	ن	ي
ع	و	آ	غ	د	ص	خ	ذ	د	ي	د	ع	س	ل
ش	ك	إ	ض	ث	ة	ص	ض	إ	ل	ف	ة	ك	ا
آ	م	ش	ؤ	ا	ط	ي	ز	م	ع	ض	ب	ث	ف
ث	ح	س	غ	ب	غ	ة	م	آ	و	و	ض	ص	ج
ت	خ	ل	ل	ض	د	د	س	ج	ب	ل	خ	ر	ث
ا	ا	ي	ن	ذ	غ	س	ت	ض	ن	ي	ض	ع	م
م	خ	و	ف	ر	و	ز	ق	خ	م	و	غ	غ	ن
ز	ز	ت	غ	ن	س	ث	ل	ث	ض	ا	ن	ئ	د
ي	ة	ذ	ش	م	ى	ي	ئ	خ	ح	ن	و	ن	د
م	خ	ل	ب	إ	ا	ث	ا	ف	ك	م	م	د	ى
س	خ	ة	ي	د	م	إ	م	خ	ا	ب	ر	ي	غ

مجنون
مخلب
شخصية
فرو
قليلا
فأر
بسرعة
بري
خجول

حنون
صياد
ذيل
فضولي
نوم
مضحك
غزل
مستقل
لعوب

33 - Cocina

م	ع	ي	د	ا	ن	و	ل	ع	ذ	ك	م	ص	ل
ن	ي	ذ	ث	ة	م	ع	آ	ة	ش	ى	ل	ث	ت
د	ط	ا	ف	ق	ة	ا	ظ	ت	و	ا	ب	ل	ن
ي	غ	ع	ن	آ	ن	ء	ح	ى	ا	ش	ا	ا	ا
ل	غ	ل	ا	إ	ب	ر	ي	ق	ي	ب	ل	ج	و
ر	ز	ة	ا	م	و	ف	ق	م	ة	ز	ش	ة	ل
ر	آ	ر	آ	ي	ط	ر	ت	ئ	ج	ق	و	ر	ا
ة	ب	ز	ى	ش	ة	ن	ط	ز	ح	م	ك	ة	ل
ا	ل	م	ل	ا	ع	ق	ب	ر	س	آ	د	ج	ط
إ	ى	ر	ع	ص	ع	خ	م	ئ	ب	ر	ع	ن	ع
س	ك	ا	ك	ي	ن	ع	غ	ع	ح	ب	ح	غ	ا
ف	ح	ف	د	د	و	ح	ر	أ	ك	و	ا	ب	م
ن	ق	ا	ى	ن	و	ص	ف	ة	ب	م	ذ	غ	ط
ج	ج	ج	ز	ن	ق	آ	ة	ق	آ	ر	ؤ	ى	ش

غلاية
لتناول الطعام
طعام
مجمد
الملاعق
مغرفة
سكاكين
مئزر
توابل
إسفنج

فرن
إبريق
عيدان
شواية
وصفة
ثلاجة
منديل
أكواب
وعاء
الشوك

34 - Escuela #1

ا	ا	ل	ك	ت	ب	ؤ	ظ	غ	ن	ك	ا	ؤ	ا
ل	ل	ا	ص	ح	ا	ب	ن	ل	د	ي	ل	ك	ل
ر	ا	ل	ظ	ف	ل	ى	ي	إ	ك	ت	م	ل	أ
ي	م	أ	ا	آ	ع	غ	ف	ظ	س	م	ج	م	ب
ا	ت	ج	ي	ف	ط	ن	ز	ي	م	ق	ل	غ	ج
ض	ح	و	ر	ق	ع	ل	ا	م	ا	ت	د	د	د
ي	ا	ب	م	أ	ف	س	ي	م	ج	ج	ا	ا	ي
ا	ن	ة	ك	ق	خ	ج	ص	ط	ت	ا	ت	ء	ة
ت	ا	ر	ت	ل	ي	ت	ع	ل	م	ل	م	ط	ع
ق	ت	ف	ب	ا	س	ص	غ	ز	س	أ	ك	ى	ف
ك	ل	ى	ة	م	ي	ذ	ل	ة	ج	ر	ت	م	د
ن	ل	م	س	د	غ	غ	ج	ف	ق	ق	ب	ب	ظ
ز	ط	ي	ك	ر	س	ي	ذ	ط	ت	ا	و	إ	ؤ
و	ح	إ	ئ	س	ص	ن	ى	م	ن	م	إ	ق	ع

الأبجدية	قلم
غداء	الكتب
اصحاب	علامات
ليتعلم	الرياضيات
صف	الأرقام
مكتبة	ورق
المجلدات	أقلام
مكتب	مدرس
لغز	الأجوبة
الامتحانات	كرسي

35 - Adjetivos #2

د	ا	ن	ن	ي	م	ش	ه	و	ر	ا	ى	م	أ
ر	و	ج	آ	ص	ش	س	ف	ب	ع	ع	ة	ث	ن
ا	ص	ا	ف	خ	و	ر	ؤ	إ	ن	ت	ا	ج	ي
م	ف	ف	غ	ل	ق	و	ي	و	ن	م	ص	د	ق
ا	ي	م	ى	ا	ت	إ	ب	خ	ل	ث	ا	م	ي
ت	ؤ	ت	ؤ	ق	آ	ق	ش	ش	د	ف	ل	ل	ئ
ي	إ	ع	و	ا	م	خ	ب	ص	ط	ص	ح	ي	ح
ك	ح	ب	ط	ا	ز	ج	ا	ف	ض	ف	ل	ف	ت
ي	ز	ع	ب	ل	ة	و	خ	خ	س	ا	ل	م	ؤ
ي	ق	ط	ي	ج	ع	خ	إ	آ	ى	ض	أ	ة	ى
ح	ا	ر	ع	د	ذ	ص	ض	ر	غ	ؤ	ك	م	ط
ع	ر	س	ي	ي	ك	ث	ت	د	ق	ؤ	ل	ت	ع
ص	ع	ث	ص	د	آ	ي	ح	ك	خ	ت	ل	ض	ق
غ	خ	س	ت	ذ	ف	س	ح	ز	ى	غ	ق	ج	ظ

متعب
صالح للأكل
خلاق
وصفي
دراماتيكي
أنيق
مشهور
طازج
قوي
مشوق

طبيعي
عادي
الجديد
فخور
حار
إنتاجي
مسؤول
مالح
صحي
جاف

36 - Cuerpo Humano

ف	إ	و	ز	ى	خ	ز	ص	ر	ر	ع	ى	ث	ك
ث	س	ج	ن	و	ز	آ	ر	ئ	ك	ي	د	ل	ض
ح	ظ	ه	م	ج	ل	د	و	ي	ب	ن	ز	ظ	غ
إ	ى	ز	غ	ى	س	م	م	س	ة	ت	م	ا	ض
ذ	ق	ن	ض	ض	ا	ى	ن	ا	إ	ي	ا	ق	ذ
ى	آ	إ	د	آ	ن	ئ	ش	ا	غ	ت	أ	ذ	ن
ز	ل	ش	ز	ى	ط	د	ل	ص	ج	ت	ن	ك	غ
ف	آ	إ	ؤ	ق	ط	ر	ف	آ	ك	ت	ف	ت	ث
ث	ظ	ص	ز	آ	ذ	د	ش	ك	ا	و	و	إ	ن
ق	ل	ب	آ	ئ	ؤ	ة	ض	ظ	ح	ك	ع	ة	ذ
ر	ز	ع	م	ل	و	آ	غ	ك	ل	و	و	ؤ	خ
ت	س	ر	ق	ب	ة	ي	ح	ج	ت	ج	ث	ق	ي
س	ة	و	ج	ل	ي	ى	ؤ	م	س	ئ	ح	ر	ص
ف	م	ع	و	ل	آ	ف	ث	ؤ	س	ظ	ن	ت	ث

ذقن
فم
رئيس
وجه
دماغ
كوع
قلب
رقبة
إصبع
كتف

لسان
يد
أنف
عين
أذن
جلد
رجل
ركبة
دم
كاحل

37 - Ciencia

ا	ي	ل	ت	ج	ر	ب	ة	غ	و	ذ	ج	ى	إ
ل	ج	ا	ذ	ب	ي	ة	ج	ة	ص	ا	ز	ط	ص
ج	غ	ي	ط	ا	ل	س	ف	و	ح	ق	ي	ق	ة
س	خ	ي	ث	ص	ع	ف	ب	ج	ص	خ	ئ	ق	ج
ي	غ	خ	ا	ة	ق	ع	و	م	ر	ئ	ا	إ	ف
م	ب	د	ا	ل	ب	ي	ا	ن	ا	ت	ت	ل	ش
ا	ل	ف	ي	ز	ي	ا	ء	ل	غ	آ	ا	خ	ئ
ت	م	ى	ن	ت	ث	م	ل	م	م	غ	ل	ى	خ
ف	ط	غ	ر	ذ	ذ	ك	ط	م	س	غ	و	ز	م
ظ	إ	و	م	إ	ر	م	آ	م	ع	ز	إ	ذ	خ
ر	ح	ف	ر	ي	ة	ى	و	ن	ب	ا	ت	ا	ت
س	ج	ا	ل	م	ر	ا	ق	ب	ة	ت	د	آ	ب
ط	ر	ي	ق	ة	م	ن	ا	خ	ذ	خ	ص	ن	ر
ف	ر	ض	ي	ة	ط	ب	ي	ع	ة	ع	ا	ئ	ذ

ذرة
عالم
مناخ
البيانات
تطور
تجربة
الفيزياء
حفرية
جاذبية
حقيقة

فرضية
مختبر
طريقة
المعادن
جزيئات
طبيعة
المراقبة
الجسيمات
نباتات

38 - Dinosaurios

ي	ؤ	ل	خ	ن	ف	ز	أ	ر	ض	ت	ذ	ا	و
س	ص	ز	ت	ط	و	ر	ا	ب	ت	و	ر	ل	ا
ا	ل	ز	و	ا	ح	ف	ي	ك	م	ق	ك	م	خ
ذ	ذ	ي	ق	ف	س	ا	ذ	س	ح	ب	ب	ا	ت
ف	ي	ذ	ذ	ى	خ	ب	ت	ق	ة	ل	ي	م	ف
ي	ث	ل	ق	ث	ق	و	ي	ة	ب	ا	ر	و	ا
أ	ج	ن	ح	ة	ا	ص	ة	و	ض	ل	إ	ث	ء
و	ض	خ	م	ف	ؤ	ب	ج	ر	ى	ت	ع	ئ	ؤ
ظ	ح	ف	ث	ا	ل	ح	ف	ر	ي	ا	ت	ح	ط
ض	س	ش	ك	ر	ش	ج	ا	ك	و	ر	م	ل	ب
ث	غ	ة	ي	ي	ت	م	آ	غ	ث	ي	ي	ث	ش
آ	ك	ل	ة	ا	ل	ل	ح	و	م	خ	س	ا	ق
ن	ب	ا	ل	أ	ن	و	ا	ع	ض	ل	س	ظ	ن
ش	ئ	ئ	ط	ك	ا	ب	ع	ل	ف	ش	س	ط	ك

آكلة اللحوم
قوي
قبل التاريخ
فريسة
رابتور
الزواحف
بحجم
أرض
وحشي

أجنحة
ذيل
اختفاء
ضخم
الأنواع
تطور
الحفريات
كبير
الماموث

39 - Restaurante #2

خ	ا	ح	آ	و	ح	ص	م	ت	ذ	ئ	إ	و	ة
ل	ل	ج	س	ذ	ن	ن	غ	م	آ	ص	خ	ق	ئ
إ	ن	ل	م	ا	ذ	ط	د	ا	ا	د	ا	س	ن
ؤ	ا	ي	س	ا	ء	ك	ا	ش	خ	ث	ز	م	ب
ش	د	د	ر	ك	ء	ي	ء	س	ض	ؤ	ت	ل	ث
ز	ل	ج	د	د	ي	ك	ح	م	ر	ك	ض	ع	م
آ	ش	ئ	ص	ن	ض	ز	ل	ك	و	ح	ت	ق	غ
غ	ز	ظ	ث	ت	ط	ف	ذ	آ	ا	ئ	ق	ة	م
ع	ي	ب	ظ	ر	و	ف	ي	ظ	ت	غ	ا	ة	ش
ش	و	ك	ة	س	ة	ا	ذ	ظ	ط	ك	ة	ؤ	ر
ا	ض	ص	م	ل	ح	ف	ب	ف	ا	ك	ه	ة	و
ء	ر	ز	ج	ط	ؤ	ن	ي	ل	ر	ت	د	ع	ب
ر	ض	ح	خ	ة	م	ة	ض	ت	ك	ر	س	ي	غ
ا	ل	م	ع	ك	ر	و	ن	ة	و	ش	غ	د	ك

ماء
غداء
مشروب
النادل
عشاء
ملعقة
لذيذ
سلطة
توابل
المعكرونة

فاكهة
جليد
بيض
كيك
سمك
ملح
كرسي
حساء
شوكة
خضروات

40 - Profesiones #1

د	ض	ع	ن	ظ	ل	ص	ة	ج	ج	ط	خ	ع	ط
ت	ي	م	ح	ا	م	ي	د	ث	ت	ب	ظ	ا	ب
ث	ح	س	ق	ر	ع	ا	ل	م	آ	ي	خ	ز	ط
م	د	ر	ب	ج	ت	د	غ	ص	د	ب	ن	ف	آ
ز	ر	ي	ع	ا	آ	ئ	ج	ا	ك	ب	م	ا	آ
خ	س	ا	ل	ل	ك	م	ي	ئ	خ	ي	ف	ل	ا
ج	ا	ض	م	ا	ل	خ	ن	غ	ف	ط	س	ب	ي
ط	م	ي	ا	ل	ص	ظ	إ	م	ص	ر	ف	ي	ج
ب	خ	ت	ل	ا	د	ث	ئ	س	ح	ي	ي	ا	ي
ي	ر	ج	ن	ط	ص	ظ	م	ض	ب	ر	ر	ن	و
ب	ا	ذ	ف	ف	ف	ل	ك	ي	ص	ا	ر	و	ل
م	ئ	ر	س	ا	ق	غ	ز	ظ	آ	ق	غ	ق	و
و	ط	ا	ل	ء	ز	ض	آ	ط	ر	ص	ز	ع	ج
م	م	ر	ض	ش	ح	ؤ	ف	ض	ذ	ة	ج	ز	ي

محامي
فلكي
رياضي
راقصة
مصرفي
رجال الاطفاء
رسام خرائط
صياد
عالم
طبيب

محرر
سفير
ممرض
مدرب
سباك
جيولوجي
صائغ
عازف البيانو
علم النفس
طبيب بيطري

41 - Vehículos

ص	ش	ا	ح	ن	ة	ت	ه	ئ	ح	ا	ش	ش	ط
ا	ر	ذ	ض	ص	آ	ط	ل	س	ي	ا	ر	ة	و
ر	ت	ت	ص	ب	آ	ع	ي	ا	ط	ل	ف	ا	ف
و	ؤ	ظ	ج	ذ	ر	ر	ك	ر	ف	ع	غ	ل	إ
خ	ش	م	ك	غ	س	غ	و	ص	ى	ب	ش	إ	ة
و	ق	ي	ط	ؤ	ر	ر	ب	آ	ى	ا	ئ	ط	ش
ش	ص	ك	ع	ج	د	ص	ت	ى	ج	ر	و	ا	و
ق	ا	ر	ب	ط	م	ح	ر	ك	ط	ة	آ	ر	ر
ط	ا	ئ	ر	ة	ئ	ت	ق	ط	ا	ر	ب	ا	ا
ص	و	ف	ئ	ت	ى	د	ر	ا	ج	ة	ك	ت	ل
ق	ج	ة	ل	ذ	ظ	ق	غ	و	ا	ص	ة	ى	م
س	ي	ا	ر	ة	إ	س	ع	ا	ف	ص	ق	ع	ك
ة	ض	ة	ج	آ	ى	ن	ز	د	ز	ق	ى	ف	و
ت	ا	ك	س	ي	ا	خ	ق	و	ج	ر	ا	ر	ك

سيارة إسعاف
حافلة
طائرة
طوف
قارب
دراجة
شاحنة
قافلة
سيارة
صاروخ

العبارة
هليكوبتر
المكوك
مترو
محرك
الإطارات
غواصة
تاكسي
جرار
قطار

42 - Vacaciones #2

ر	خ	ن	ا	م	ي	ل	ص	م	ت	ئ	غ	ل	ف
خ	ر	ب	ح	ر	ح	ل	ة	ث	ط	ث	د	ؤ	ة
ا	ي	ي	و	ق	س	ك	ص	ح	ط	د	ئ	ع	آ
ل	ط	ج	و	ق	ك	ت	ط	ف	ش	ظ	ت	ي	ة
ن	ة	ض	ة	ج	ط	ز	ز	ظ	ض	م	ط	ع	م
ق	ح	ذ	غ	ؤ	ه	ا	ل	ت	ح	ف	ظ	ا	ت
ل	ئ	ث	ش	ج	ة	ة	ر	ب	ج	ذ	ى	ل	ا
ذ	أ	ر	خ	ف	ن	د	ق	ج	ة	ئ	ش	ئ	ل
ث	ج	ز	ي	ر	ة	ؤ	م	ب	غ	ق	ب	ذ	ت
خ	ن	ذ	م	ف	ع	د	ع	ط	ل	ة	ذ	غ	ر
ي	ب	ت	أ	ش	ي	ر	ة	ت	ا	ك	س	ي	ف
م	ي	ج	و	ا	ز	س	ف	ر	ش	ر	ذ	ي	ي
ة	ض	س	ق	ط	د	غ	ح	ت	ت	ظ	ض	س	ه
ص	ك	ة	ت	ئ	ث	ة	آ	ا	ل	ص	و	ر	ظ

مطار
خيمة
وجهة
أجنبي
الصور
فندق
جزيرة
خريطة
بحر
الترفيه

جواز سفر
شاطئ
التحفظات
مطعم
تاكسي
النقل
قطار
عطلة
رحلة
تأشيرة

43 - Cumpleaños

ا	ى	ه	م	ر	ح	ت	ا	ش	ا	ب	س	ك	خ
ا	ل	د	ع	و	ا	ت	ص	ظ	ح	ح	خ	غ	ذ
ر	ل	ي	ت	ع	ل	م	ح	ل	ت	أ	ك	ي	ك
س	ن	ة	ط	ف	و	د	ا	خ	ف	غ	ذ	م	ق
ع	ف	ي	م	ة	ق	ز	ب	ا	ا	ن	ث	و	ة
ي	ك	م	ز	ت	ت	ة	ظ	ص	ل	ي	م	م	ت
د	ا	ذ	ك	ر	ي	ا	ت	ح	ن	ة	ت	ح	ح
إ	ة	ح	د	س	خ	م	ي	ى	ف	آ	ج	ش	ض
ب	د	ت	ق	و	ي	م	ي	ز	ؤ	م	ل	ب	ف
ز	ط	ن	ز	ف	د	ك	و	م	م	ئ	ف	و	ا
آ	ز	ا	ة	ف	ذ	ح	م	س	ل	ش	ف	ض	غ
خ	ي	ح	ق	غ	ؤ	ع	ؤ	ؤ	ئ	ش	غ	ب	ا
ي	ن	و	ى	ا	ل	ش	م	و	ع	آ	ز	ن	ل
و	ا	ب	ض	ى	ت	ن	ض	ث	ف	م	ى	خ	ب

اصحاب
سنة
ليتعلم
تقويم
أغنية
احتفال
مرح
يوم
خاص
سعيد

الدعوات
شاب
ولد
كيك
ذكريات
هدية
حكمة
بطاقات
الوقت
الشموع

44 - Baile

ي	ظ	إ	ك	ك	إ	ض	ن	ر	ك	إ	ث	س	ا
ل	ط	ي	ض	ل	ض	ت	ع	ص	ض	ب	ت	ؤ	ل
ث	ة	ق	غ	ش	ا	ث	م	ا	ش	ر	ي	ك	م
ق	ق	ا	ث	و	إ	س	ة	إ	ط	و	ة	ح	و
ا	ف	ع	م	ت	ق	ل	ي	د	ي	ف	ن	ر	ق
ف	ز	ج	ل	م	د	آ	و	ك	ق	ة	ة	ك	ف
ي	إ	ا	ا	ل	أ	ك	ا	د	ي	م	ي	ة	ر
ب	ص	ر	ي	غ	م	ض	ف	م	ع	ب	ر	ة	ز
ك	ص	ا	ل	ك	و	ر	ي	غ	ر	ا	ف	ي	ا
ا	ق	ة	ج	ف	س	ح	خ	ل	ب	ح	إ	ذ	ت
ش	غ	ف	ث	إ	ي	ص	إ	ج	ط	ي	ا	و	ظ
ي	ئ	س	ة	ث	ق	ا	ف	ة	ذ	ذ	ت	ذ	ق
ؤ	ف	ر	ع	ك	ى	ل	ل	ض	ع	ن	و	ع	ي
س	ح	م	ؤ	ص	ز	إ	ب	ت	ح	ح	ص	ك	ق

الأكاديمية
مرح
فن
كلاسيكي
الكوريغرافيا
جثة
ثقافة
ثقافي
عاطفة
بروفة

معبرة
نعمة
حركة
موسيقى
الموقف
إيقاع
قفز
شريك
تقليدي
بصري

45 - Matemáticas

ت	ن	ئ	ن	ث	ث	ر	ن	ة	ف	ش	ب	ؤ	ذ
ن	ا	ظ	إ	و	ض	ق	س	إ	ي	و	ي	ر	ك
ا	ل	أ	ر	ق	ا	م	ت	ش	ر	إ	س	ع	ق
ظ	ه	ن	د	س	ة	ح	ة	ن	ج	ا	ؤ	ي	م
ر	ذ	خ	س	ى	ذ	ي	س	خ	ص	ل	ط	ت	و
م	و	ا	ز	ض	د	ط	ا	ا	ؤ	ص	ئ	ط	ؤ
ج	س	ط	ز	و	ا	ي	ا	ؤ	ب	و	ص	ف	م
م	آ	ت	م	ح	ق	م	ع	ن	ق	ت	خ	ش	خ
و	ط	د	ط	ة	ط	و	ض	ل	ص	م	ض	ش	م
ع	م	و	د	ي	ر	إ	ص	ل	ن	م	ر	ب	ع
ش	ث	أ	ر	ق	ل	ك	د	ق	ع	ئ	و	س	ا
ر	ل	س	ج	ز	ء	م	ة	ى	ئ	آ	ك	ي	د
ي	ث	ز	ا	ة	ي	ت	ش	إ	ا	د	ئ	ن	ل
ص	ت	ق	ت	غ	ع	ز	ذ	ك	ث	م	ع	ج	ة

حساب
زوايا
محيط
مربع
عشري
قطر
معادلة
أس
جزء
هندسة

درجات
الأرقام
مواز
عمودي
مضلع
مستطيل
تناظر
مجموع
مثلث
الصوت

46 - Restaurante #1

د	ج	ا	ج	آ	ح	ق	ب	ن	ص	ل	ص	ة	ث
ص	ن	ؤ	ك	س	ح	ث	ل	ث	ا	غ	و	آ	ى
خ	ل	ث	س	ل	خ	ع	ب	ل	ح	ب	ص	ف	ع
ح	ت	ث	م	ك	و	ن	ا	ت	ح	ج	ئ	ص	ز
ح	ن	ص	ل	ق	ي	ح	و	ش	ؤ	ى	ز	ر	ز
إ	ا	س	ح	ث	م	ن	د	ي	ل	ز	ث	ا	ح
ح	و	ر	م	ح	ل	و	ى	ع	س	ي	خ	ف	ط
ن	ل	م	ن	س	ص	س	ث	ب	س	ى	ت	ك	د
ع	ا	ب	ق	ا	ئ	م	ة	و	ز	ف	ف	إ	م
ح	ل	ث	ش	س	ن	ا	د	ل	ة	م	ا	ذ	ط
ا	ط	ذ	ا	ي	آ	ى	ض	ة	ي	ة	م	ي	ب
و	ع	ا	ء	ة	ق	إ	ط	ع	ا	م	خ	ي	خ
م	ا	س	ز	ذ	آ	خ	ب	ز	ح	ج	ز	ج	ط
ف	م	م	ف	ؤ	ف	آ	ق	ه	و	ة	ى	إ	و

قائمة
خبز
حار
طبق
دجاج
حلوى
حجز
صلصة
منديل
وعاء

حساسية
قهوة
صراف
نادلة
لحم
مطبخ
لتناول الطعام
طعام
سكين
مكونات

47 - Profesiones #2

ص	ج	و	د	ك	آ	م	ح	ق	ق	أ	ذ	غ	ة
ح	ق	ر	ب	ا	ح	ث	د	ل	ب	م	ة	ث	ج
ف	ف	ا	ا	ل	م	ص	و	ر	ا	ي	خ	غ	ذ
ي	ع	ئ	أ	ح	ي	ا	ئ	ي	س	ن	ب	ئ	ظ
د	ر	د	ه	ا	ن	إ	ز	ي	ث	ا	ع	ة	آ
س	ر	ف	ب	ؤ	ت	آ	آ	م	ت	ل	غ	و	ي
ز	ف	ض	ذ	س	ظ	خ	ت	خ	ص	م	ج	ا	ف
ا	ي	ا	م	ئ	ت	م	خ	ت	ى	ك	ص	ذ	ي
ن	ت	ء	ن	س	د	ا	ؤ	ر	ض	ت	ج	ة	ل
م	م	ه	ن	د	س	ت	ن	ع	ط	ب	ي	ب	س
ز	ص	ظ	خ	ت	م	ع	ك	ي	ي	ة	ز	ؤ	و
ا	ث	ج	ل	إ	م	خ	ت	ة	ا	ل	ض	ئ	ف
ر	ح	ر	ر	ح	آ	ؤ	ط	ئ	ر	ث	آ	ن	د
ع	ط	ب	ي	ب	أ	س	ن	ا	ن	س	ل	ز	خ

مخترع
باحث
بستاني
لغوي
طبيب
صحفي
طيار
دهان
مدرس

مزارع
رائد فضاء
أمين المكتبة
أحيائي
جراح
طبيب أسنان
محقق
فيلسوف
المصور
مهندس

48 - Senderismo

ذ	ط	ف	ا	ض	ص	ش	ى	ض	آ	ف	ؤ	ؤ	ك
ص	و	ج	ع	ت	ح	ض	ي	ر	إ	ذ	م	غ	ا
م	ت	ع	ب	ف	ج	ق	م	ة	ت	ق	ا	ر	ل
ب	ر	ي	ق	ل	ر	ا	ك	ا	خ	ح	ء	ث	ح
ق	ة	د	ظ	ي	ف	ئ	ه	ب	ي	ب	ع	ذ	ي
ا	ع	ض	ى	و	ز	ف	ل	ش	ي	د	ك	س	و
ل	م	ن	ا	خ	ص	ط	ؤ	ة	م	ش	م	س	ا
ب	ط	آ	خ	ز	ر	غ	ئ	ذ	ا	ي	ب	م	ن
ع	ب	س	أ	ا	ل	ح	د	ا	ئ	ق	ق	ب	ا
و	ي	ا	ل	ح	ج	ا	ر	ة	ث	ق	ي	ل	ت
ض	ع	ش	آ	ث	ذ	ط	ذ	ر	إ	غ	ة	ت	ا
ط	ة	س	ب	خ	ر	ي	ط	ة	ث	ح	ى	ك	و
ز	ز	ب	ح	م	ض	ش	ة	ذ	ذ	ؤ	ا	ش	ؤ
ظ	ص	ق	ع	و	ل	ل	ص	غ	ز	ع	ط	ف	ب

جرف
ماء
الحيوانات
أحذية
تخييم
متعب
مناخ
قمة
خريطة
جبل

البعوض
طبيعة
اتجاه
الحدائق
ثقيل
الحجارة
تحضير
بري
شمس

49 - Naturaleza

ا	خ	ف	و	ف	ج	ظ	ل	س	خ	ب	ا	ح	س
س	ى	و	أ	م	ن	غ	إ	ذ	ؤ	ل	ل	أ	ا
ل	ك	آ	ت	ض	ذ	ا	ل	م	ق	ج	ن	و	ل
م	إ	ح	ئ	ب	ش	ب	ث	ط	ر	م	ح	ر	ح
ي	ر	ه	ن	ا	ش	ة	ب	إ	ع	ا	ل	ا	ي
ك	ص	ح	ظ	ب	ع	ا	ئ	ب	ر	ل	و	ق	و
م	ح	ذ	ص	ف	ل	ي	ئ	ا	و	ت	س	ا	ا
ف	ر	ر	ب	ش	ق	ذ	ؤ	ئ	ض	ش	م	ل	ن
ف	ا	ف	م	ط	ف	ة	ج	ل	ث	م	ظ	ش	ا
م	ء	ا	ي	ا	ط	س	ئ	د	ا	ه	ض	ج	ت
ة	ل	ض	إ	ئ	ئ	ى	ف	آ	ض	ب	ط	ر	ق
ي	آ	م	ط	س	ي	و	ي	ح	ر	ى	غ	ع	ش
ر	خ	ض	ن	ز	ص	س	ط	ي	ئ	ذ	ع	آ	س
م	ز	ق	ص	ث	و	ؤ	ك	ذ	ن	إ	ؤ	ى	ع

النحل
الحيوانات
القطب الشمالي
جمال
غابة
صحراء
متحرك
تآكل
أوراق الشجر
مثلجة

ضباب
سحاب
سلمي
مأوى
نهر
بري
ملاذ
هادئ
استوائي
حيوي

50 - Conduciendo

ن	ش	س	ن	ف	ع	خ	م	خ	ش	ا	ح	ن	ة
ف	ا	ر	ي	ر	م	ع	ح	ر	ر	ل	ا	د	ؤ
ق	ر	ع	غ	ا	ز	م	ر	ي	ط	م	د	ر	س
ى	ع	ة	ط	م	ر	ح	ك	ط	ة	ش	ث	ا	م
ض	د	م	ئ	ل	ة	ة	ر	ة	ك	ا	ص	ج	ج
ط	ح	آ	م	ؤ	ى	ث	ؤ	ؤ	ر	ة	ف	ة	و
ض	م	ل	ر	س	ر	ق	خ	ض	خ	أ	م	ن	ق
ا	ل	ن	ق	ل	ح	ك	ط	ض	ض	ئ	خ	ا	و
ح	ر	ك	ة	ا	ل	م	ر	و	ر	ت	غ	ر	د
ة	ى	ا	ث	غ	إ	س	ظ	ا	م	م	ى	ي	ذ
ؤ	ق	غ	خ	ج	ش	ح	و	ت	ج	ث	م	ة	م
آ	و	ز	ر	م	د	ي	ا	غ	ل	ي	ث	ئ	ك
ة	آ	ج	ق	ت	ف	ر	ر	خ	ص	ة	و	ش	ئ
و	ج	ت	ج	ؤ	د	ك	ذ	ئ	ث	ظ	ن	و	ت

حادث
شارع
شاحنة
سيارة
وقود
فرامل
كراج
غاز
رخصة
خريطة

دراجة نارية
محرك
المشاة
خطر
شرطة
أمن
النقل
حركة المرور
نفق
سرعة

51 - Ballet

ة	ر	ب	ع	م	ا	م	ة	ي	ع	ت	ل	ع	ح
و	آ	غ	د	ب	ل	ئ	ح	و	ؤ	ى	ي	ض	ا
ح	ل	إ	ع	إ	ج	ئ	م	ا	ف	خ	ى	ل	ل
ع	إ	ة	إ	د	م	ة	د	ب	م	م	ك	ا	ر
ي	ي	آ	ق	ع	ه	ق	إ	ل	ب	و	ص	ت	ا
خ	ق	ص	ة	ع	و	ت	ح	ئ	ر	س	إ	ؤ	ق
ق	ا	ا	ف	ا	ر	ن	و	ي	و	ي	ر	ط	ص
ج	ع	ة	ر	ا	ه	م	غ	ة	ف	ق	و	ف	ا
ض	ا	ر	ت	س	ك	ر	و	أ	ة	ى	ن	ظ	ت
س	و	ر	د	ل	ا	ش	ت	ل	ر	ي	ط	م	ن
ص	ض	ل	ذ	ف	ق	ز	ص	ش	ز	إ	آ	ث	ظ
ث	ز	ر	ي	ت	ص	ظ	ف	ج	ش	ر	ص	خ	ؤ
ف	ن	ا	د	ة	ل	ث	ي	ا	د	ر	ف	ن	م
ث	ظ	س	ث	ة	ي	ن	ق	ت	ة	ط	ك	ض	ذ

تصفيق
فني
الجمهور
الراقصات
ملحن
الكوريغرافيا
بروفة
نمط
معبرة
لفتة

مهارة
شدة
الدروس
عضلات
موسيقى
أوركسترا
إيقاع
منفردا
تقنية

52 - Aventura

ا	ر	ح	ج	ظ	ر	إ	و	م	ر	ح	ذ	ت	ض
غ	ي	ر	ع	ا	د	ي	خ	ف	ر	ؤ	ض	ا	ظ
ص	ا	ت	ا	م	س	ا	ر	ا	ل	ر	ح	ل	ة
ع	ن	ص	ح	و	ى	ل	ش	ج	م	ا	ل	م	ظ
و	ح	ا	ح	ض	ش	س	ن	أ	س	ى	ت	ل	ح
ب	ر	ل	ن	ا	ي	ف	ز	ة	ص	ل	ك	ا	ز
ة	ا	ج	س	ك	ب	ر	ف	ا	ؤ	ى	ى	ح	ذ
ع	ف	د	د	ب	ح	ط	ب	ي	ع	ة	ز	ة	ق
ص	ع	ي	ف	ن	م	د	ك	ة	ز	ل	ش	ح	ث
ئ	ذ	د	ش	إ	ا	ف	ر	ص	ة	ق	ح	ث	ح
إ	ض	ف	ن	ب	س	ؤ	خ	ز	و	ن	ف	ح	ع
ص	م	ع	ش	ج	ا	ع	ة	ط	ج	ذ	ئ	م	آ
ؤ	إ	ى	ا	ي	س	إ	ز	ش	ي	أ	م	ن	م
آ	ض	خ	ط	ت	و	ج	ه	ة	ذ	ر	إ	س	ع

طبيعة
الملاحة
الجديد
فرصة
خطير
تحضير
أمن
مفاجأة
شجاعة
السفر

نشاط
مرح
اصحاب
جمال
وجهة
صعوبة
حماس
انحراف
غير عادي
مسار الرحلة

53 - Pájaros

ن	ا	ض	ا	ح	ت	و	ئ	ك	ل	ب	غ	ن	إ
ا	ى	ل	ث	د	ض	ي	د	غ	م	ا	ن	ع	ة
ف	ل	ذ	ل	خ	ي	ت	ب	ر	ع	ل	س	ا	ع
ط	ح	ب	ذ	ق	ص	د	ج	ا	ج	ب	ر	م	ر
و	ل	ب	ط	ة	ل	س	ع	ب	ى	ج	ى	ة	ا
ق	ؤ	غ	ن	ر	ه	ق	ة	ص	ي	ع	خ	ح	ل
ا	إ	ا	ح	ض	ي	ف	ح	ظ	ف	ه	إ	خ	و
ن	ة	ء	ا	ئ	ر	ق	م	آ	ن	و	ر	س	ق
ا	ص	آ	م	ذ	و	ق	ا	ب	ئ	ك	ر	ز	و
ج	ض	م	ب	ا	ن	ق	م	ئ	ظ	م	ح	ق	ا
ن	ض	غ	غ	ن	ت	ل	ة	ذ	ن	ض	م	ش	ق
ب	ي	ض	ة	ك	ث	ة	ف	ح	س	ة	ظ	ظ	م
ج	ط	ل	آ	ئ	ض	ص	إ	و	ز	ك	ن	ج	ؤ
ي	ج	ا	ر	ئ	إ	ة	ط	ؤ	ج	ر	س	ث	غ

نعامة
نسر
اللقلق
بجعة
الوقواق
غراب
نحام
إوز
هيرون
نورس

عصفور
هوك
بيضة
ببغاء
حمامة
بطة
البجع
البطريق
دجاج
طوقان

54 - Playa

ش	ف	ل	ل	س	ب	ا	ح	ة	ة	ش	ش	ن	س
ذ	ش	غ	ا	ح	ش	ذ	ح	ت	د	س	م	م	د
س	ا	ح	ل	ج	ل	ط	إ	ئ	ث	ر	س	ن	ر
ا	ط	ع	ق	خ	و	ؤ	ش	ك	ظ	ط	آ	ش	ئ
ى	ق	ط	ط	ا	ص	ن	ا	د	ل	ا	و	ف	ف
ت	ج	ل	و	ب	ر	ؤ	م	ى	ذ	ن	ؤ	ة	ك
خ	ي	ة	م	ر	ك	ب	ش	ر	ا	ع	ي	ط	م
غ	ح	ز	ل	ق	غ	غ	م	ك	ظ	م	ص	م	ظ
ت	ج	ب	أ	ز	ر	ق	ر	م	ل	ش	ح	م	ل
س	خ	ل	ب	د	ح	إ	ة	ر	ف	ف	ة	و	ة
ض	ص	م	ة	د	غ	ن	ص	ى	ب	م	ا	ة	ث
ص	ت	ع	ا	ف	ي	ذ	خ	إ	غ	ح	إ	ح	ذ
ؤ	ى	د	ا	ل	إ	م	ف	ج	ز	ي	ر	ة	ب
ع	ذ	إ	ط	ت	ح	ح	ذ	س	ط	ط	غ	ئ	ش

رمل
أزرق
قارب
سرطان
ساحل
جزيرة
لاجون
بحر

للسباحة
محيط
مظلة
صنادل
شمس
منشفة
عطلة
مركب شراعي

55 - Surf

م	ت	ط	ر	ف	ا	ن	ث	ض	ا	إ	غ	د	ص
و	ج	ن	س	ة	ع	ذ	ض	ا	ل	م	ع	د	ة
ج	ط	د	ئ	ج	غ	د	ر	ا	ح	ر	ل	إ	ؤ
ة	ن	ل	ا	غ	م	ط	د	ع	ش	ح	ل	ب	غ
ج	غ	ك	ض	ف	ي	ة	ؤ	ن	و	ع	س	ى	ح
ئ	ت	ر	خ	ر	ي	ا	ض	ي	د	و	ب	ط	ل
ش	ا	ط	ئ	ش	ط	ز	و	ز	ذ	ط	ا	ي	ف
ش	خ	م	ث	ك	ز	ص	ح	آ	ص	ظ	ح	ر	إ
ث	ط	ح	ز	ك	ط	ض	ص	ر	ج	خ	ة	غ	و
س	ة	خ	ن	م	ب	ت	د	ئ	ش	ت	ث	و	ث
ر	ل	ث	ع	م	ق	ة	ح	م	ح	ي	ط	ة	و
ع	ر	ا	ع	ع	ط	ة	ق	ل	ز	د	ق	و	ة
ة	ل	ك	ذ	ن	ط	ت	ظ	غ	إ	ل	س	ى	ب
ي	ر	م	ل	ك	ط	ط	ش	ح	ص	د	ى	ب	ت

رياضي
بطل
طقس
مرح
رغوة
نمط
المعدة
متطرف
قوة
الحشود

للسباحة
محيط
موجة
شاطئ
شعبي
مبتدئ
مجداف
رش
سرعة

56 - Geografía

خ	ذ	ي	ج	ت	ك	ح	ص	ت	ذ	ع	ا	س	ج
غ	ة	ص	س	ن	آ	ا	ب	ز	آ	خ	ل	ع	ز
ى	خ	ن	ه	ر	و	ب	ح	ل	م	و	ع	ن	ي
م	أ	ط	ل	س	ع	ب	ر	ز	د	ف	ا	ا	ر
ح	خ	ط	ا	ل	ط	و	ل	ي	ي	ع	ل	ل	ة
و	م	غ	خ	ل	ئ	ل	د	ث	ن	ت	م	ش	ى
ئ	ي	ب	ج	ك	ع	غ	ك	ش	ة	س	ي	ر	ح
ا	ر	ت	ف	ا	ع	ر	خ	ر	ي	ط	ة	ق	م
ي	ي	ح	ج	ش	ح	ب	ض	ص	ج	ب	ل	ا	ن
خ	د	خ	ع	ت	ش	م	ا	ل	ل	ذ	خ	ر	ط
ض	ي	ص	ح	إ	ن	آ	ز	ذ	ة	ة	ص	ة	ق
ث	ا	خ	ث	ق	ظ	ط	س	خ	ش	إ	ا	ى	ة
د	ن	ك	خ	ط	ا	ل	ا	س	ت	و	ا	ء	ل
م	ى	ع	ذ	ح	س	ح	ث	ظ	ت	ح	ة	س	ط

ارتفاع
أطلس
مدينة
قارة
خط الاستواء
الشرق
جزيرة
خط العرض
خط الطول
خريطة

بحر
ميريديان
جبل
العالمية
شمال
غرب
بلد
نهر
جنوب
منطقة

57 - Deportes

خ	ا	و	ك	م	و	ب	ئ	ظ	س	غ	ؤ	ط	ذ
ت	ث	ئ	ظ	ى	ي	ي	ف	ض	ى	ه	ب	ع	ل
غ	ر	ي	ك	و	ه	س	ر	غ	ص	ر	و	ب	د
ة	ؤ	ح	ز	ز	ج	ب	ي	ص	ي	ا	إ	و	ر
ش	ك	ق	ر	م	ج	و	ق	ا	ا	ل	ب	ط	ا
ة	ح	ا	ب	س	ل	ل	ض	ك	خ	ف	ل	و	ج
ف	ب	ع	ا	ل	ي	ة	آ	ر	ز	ا	م	د	ة
ط	ي	ت	ن	ر	ب	د	خ	ة	د	ئ	ت	غ	ب
ي	ث	ث	ت	د	ر	ر	ؤ	ا	م	ز	ؤ	ط	ج
ط	ي	ئ	ن	ح	ي	ب	ش	ل	ؤ	ر	و	ا	م
ح	ى	ي	س	ك	ا	ر	ع	س	د	ل	ظ	س	ر
ر	ة	خ	ة	م	ض	ب	ض	ل	ة	ت	ب	ق	م
ك	و	ح	غ	ئ	ي	ة	و	ة	ت	ك	آ	ب	ج
ة	ب	ر	د	م	ى	ئ	ك	و	د	ث	ض	ش	ش

رياضي
حكم
كرة السلة
بيسبول
دراجة
بطولة
مدرب
فريق
ملعب

الفائز
رياضة بدنية
جولف
هوكي
لعبه
لاعب
حركة
للسباحة
تنس

58 - Actividades

ث	ز	خ	خ	ى	ح	ؤ	ا	ل	ح	ي	ا	ك	ة
و	ي	ر	ش	ى	ض	ض	ة	ع	ف	ص	س	ح	ر
إ	ل	م	س	م	ه	ا	ر	ة	ج	و	ت	ق	ع
ؤ	ب	غ	ذ	ل	ذ	ل	ل	ط	ع	ة	ر	ق	و
ؤ	ت	س	م	س	ط	ت	ش	أ	ظ	ف	خ	ر	ا
ت	ن	س	ت	ى	ن	ر	ش	ا	ل	ذ	ا	ا	ل
ص	خ	ض	ع	ن	ى	ف	ص	ص	ظ	غ		ء	ل
و	ي	ي	ة	ق	ة	ي	ف	ي	ح	ع	ا	ة	و
ي	ا	ك	ي	ذ	ص	ه	ك	د	أ	ط	ظ	ز	ح
ر	ط	ظ	ة	م	إ	ص	ز	ا	ل	ح	ر	ف	ة
ي	ة	ؤ	ق	ؤ	ل	ظ	ص	ل	ع	آ	س	م	و
ر	ا	ل	م	ص	ا	ل	ح	س	ا	ن	ش	ا	ط
س	ئ	إ	ظ	ل	ح	م	خ	م	ب	ل	ف	ز	ة
ئ	غ	ا	ل	ص	ي	د	س	ك	ف	ن	ذ	ر	ت

ألعاب
قراءة
سحر
الترفيه
صيد السمك
اللوحة
متعة
استرخاء
الألغاز
الحياكة

نشاط
فن
الحرف
تخييم
الصيد
خياطة
تصوير
مهارة
المصالح
بستنة

59 - Verduras

ق	إ	ث	ة	ن	ق	ز	خ	ر	ش	و	ف	إ	ذ
ب	ا	ذ	ن	ج	ا	ن	ي	ة	ج	د	ج	ا	ط
ر	ا	ي	إ	ز	ض	غ	ا	ت	ط	ب	ل	غ	خ
و	ل	ز	إ	ر	ئ	س	ر	ج	و	ر	ى	ب	ة
ك	ب	ك	ل	ى	ف	ل	ش	ق	آ	ن	ع	ز	ؤ
ل	ط	ز	ؤ	ا	ز	ط	ق	ق	ك	آ	ش	ئ	ف
ي	ا	ب	خ	ر	ء	ة	ف	ط	ر	ب	ب	ؤ	ن
ش	ط	خ	ق	ط	م	ا	ط	م	ف	س	د	ي	ت
م	س	ش	ي	د	ؤ	ل	م	و	س	ق	ص	و	ت
و	ب	و	ق	ا	و	ق	ف	ز	ن	ج	ب	ي	ل
ل	ا	ز	ط	ئ	ى	ن	ج	آ	ا	ؤ	ي	ن	آ
خ	ن	ف	ي	ل	ف	ت	س	ى	م	د	ط	ب	ش
غ	خ	ن	ن	ذ	ص	ط	خ	ث	و	م	ف	ص	ة
ف	ة	ن	ئ	إ	س	ر	ج	ج	ظ	ئ	د	ل	س

ثوم
خرشوف
كرفس
باذنجان
بروكلي
يقطين
بصل
سلطة
سبانخ
بازلاء

زنجبيل
لفت
زيتون
البطاطس
خيار
بقدونس
فجل
فطر
طماطم
جزر

60 - Instrumentos Musicales

ف	ع	س	ا	ل	ت	ر	و	م	ب	و	ن	ظ	غ
ط	ب	ل	ا	ه	ا	ر	م	و	ن	ي	ك	ا	إ
ط	ي	س	ك	ك	ج	ف	ن	د	ت	ى	ظ	ج	ت
ق	ا	خ	ئ	إ	س	م	ا	ض	ف	ن	ج	ج	غ
د	ن	ل	ق	ط	ة	ف	ي	و	ئ	ص	ل	خ	ت
ؤ	و	ا	م	ش	ت	ظ	و	ج	ئ	ب	غ	غ	ص
إ	خ	ن	ب	ز	ش	ع	ض	ن	ب	و	ق	ي	ق
ح	ر	س	ل	ز	م	ض	خ	م	م	ا	ي	ا	ر
ك	م	ا	ن	ن	ز	ا	ص	ن	ا	ل	ث	ل	ع
ن	ا	ق	و	س	م	ج	ر	د	ر	ت	ا	ب	ب
ر	ظ	ش	ع	ث	ا	ث	ذ	و	ي	ش	ر	ا	ا
ج	ن	ك	ظ	ش	ر	ح	ن	ل	م	ي	ة	ن	س
ث	م	د	ف	ح	ز	ؤ	س	ي	ب	ل	د	ج	و
ؤ	ش	ا	ؤ	ر	آ	و	ؤ	ن	ا	و	ك	و	ن

هارمونيكا
جنك
البانجو
مزمار
باسون
ناي
ناقوس
قيثارة
مندولين
ماريمبا

المزمار
دف صغير
قرع
بيانو
ساكسفون
طبل
الترومبون
بوق
كمان
التشيلو

61 - Mascotas

ط	ب	ي	ب	ب	ي	ط	ر	ي	آ	ز	ش	ف	ؤ
ؤ	ك	ل	ا	ظ	أ	ض	ق	ذ	ز	ظ	ى	أ	غ
ف	ف	ب	ث	ب	ق	ر	ة	ئ	ي	ز	ك	ر	ش
ك	ث	ف	ش	ح	آ	ض	ن	ا	ط	ؤ	ؤ	ض	ذ
م	ا	ء	م	ا	ع	ز	د	ب	ش	ث	ع	س	ى
ب	ل	ظ	ظ	ز	ض	ت	ر	ب	ا	ط	و	ق	ر
إ	ك	ل	ب	ى	غ	س	ذ	ن	ك	ذ	ف	غ	ق
ش	ف	ن	س	ح	ل	ي	ة	ك	إ	ك	ج	خ	ط
ط	و	ي	ل	م	ذ	ي	ل	ؤ	ك	ث	ع	ن	خ
غ	ف	ز	ح	إ	ك	ت	ة	ب	م	ق	إ	ى	ن
ض	ر	ة	ف	ن	ذ	ح	ى	ي	خ	ط	ع	ا	م
ح	ذ	ع	ا	ى	ا	ش	ي	ئ	ا	ج	ت	غ	ل
ث	ط	ص	ة	ب	ب	غ	ا	ء	ل	غ	ر	ل	ط
ه	ر	ي	ر	ة	ذ	ب	ة	و	ب	ط	و	و	ط

ماء
ماعز
جرو
ذيل
طوق
طعام
أرنب
رباط
مخالب
هريرة

قط
سحلية
ببغاء
الكفوف
كلب
سمك
فأر
سلحفاة
بقرة
طبيب بيطري

62 - Formas

ف	آ	ع	ع	ظ	ق	ى	خ	ط	ص	ا	ا	ا	إ
ث	ي	ط	ؤ	ط	ص	ق	ف	ش	خ	ل	س	ل	غ
ذ	ئ	ذ	ا	ص	ح	و	ا	ف	ى	ب	ط	ق	ض
م	س	ت	ط	ي	ل	س	م	س	ت	ي	و	ط	م
ف	ل	ر	ص	ر	ئ	م	غ	خ	ز	ض	ا	ع	ر
إ	ر	ن	ك	د	ا	ئ	ر	ة	ر	ا	ن	ا	إ
ا	ل	ج	ا	ن	ب	ز	ؤ	ب	ط	و	ة	ل	ي
ه	ر	م	ن	ح	ن	ى	م	ؤ	ع	ي	ط	ز	ق
ت	ق	س	م	م	إ	ج	ض	ر	ص	ث	س	ا	ظ
ط	ب	ت	ش	و	ظ	ث	ل	ي	و	س	ئ	ئ	ج
ش	ص	د	ي	ش	م	ك	ع	ب	ظ	ت	ؤ	د	غ
ض	س	ي	آ	و	ث	آ	ز	ي	د	ر	ج	ن	ح
ة	ش	ر	إ	ر	ل	إ	خ	ر	ز	ح	ح	ط	ا
ش	خ	ة	ص	ا	ث	ح	غ	م	ل	ؤ	ظ	ج	ب

قوس
حواف
اسطوانة
دائرة
مخروط
مربع
مكعب
منحنى
ركن
القطع الزائد

الجانب
خط
البيضاوي
هرم
مضلع
موشور
مستطيل
مستدير
مثلث

63 - Flores

ا	ل	س	ح	ل	ب	غ	ك	ك	و	م	إ	ى	ج
ا	ل	ز	ه	ر	ة	ا	ل	ع	ا	ط	ف	ة	ا
ت	ل	ك	م	ا	غ	ن	و	ل	ي	ا	أ	ث	ر
و	خ	خ	ر	آ	ل	ؤ	ع	إ	ط	ؤ	ر	آ	د
ل	ف	ز	ش	ك	س	ه	ز	د	ض	ئ	ج	ي	ي
ي	ؤ	ا	آ	خ	د	ى	ن	ف	ل	ت	و	ا	ن
ب	ا	م	د	ط	ا	ي	ص	د	ف	ن	ا	س	ي
ظ	م	ى	ت	ر	ر	ش	ه	س	ب	ن	ن	م	ا
ا	ع	ب	ا	د	ا	ل	ش	م	س	ا	ي	ي	ش
ل	د	ي	ز	ي	ة	ؤ	ذ	ط	ظ	آ	ء	ن	م
ب	ا	ل	ن	ر	ج	س	ا	ل	ب	ر	ي	و	ى
ت	غ	ر	ب	ا	ق	ة	أ	ز	ه	ا	ر	د	ك
ل	ح	د	ق	آ	ج	ب	و	ا	ث	و	ر	د	ة
ة	ا	ل	ف	ا	و	ا	ن	ي	ا	ك	ج	ئ	و

الخشخاش
الهندباء
جاردينيا
عباد الشمس
الكركديه
ياسمين
خزامى
أرجواني
زنبق
ماغنوليا

ديزي
النرجس البري
السحلب
زهرة العاطفة
الفاوانيا
البتلة
باقة أزهار
وردة
نفل
توليب

64 - Astronomía

س	ذ	ز	ظ	ل	إ	ر	ئ	إ	ث	ى	ك	و	ن
و	د	ئ	ش	ب	ش	ح	آ	ف	ع	ذ	ل	ث	ش
ب	ص	ي	ث	آ	ع	خ	ق	ة	ث	ص	ج	د	ي
ر	ئ	ؤ	م	ط	ا	ق	ط	م	ق	ر	ا	ب	ز
ن	ج	ز	ك	ع	ع	م	ر	ص	د	س	ذ	م	ب
و	ض	ن	و	و	أ	ر	ض	ا	ا	ك	ب	ة	ز
ف	ة	ا	ك	م	ك	ص	ح	ر	ى	ن	ي	ن	إ
ا	ف	ج	ب	ظ	ذ	ب	ظ	و	د	ح	ة	ذ	ى
ز	د	ز	ج	ب	ل	ي	ة	خ	ؤ	ب	د	ب	ث
ظ	و	ؤ	ع	ح	ا	ل	ا	ع	ت	د	ا	ل	م
س	ر	ر	ا	ئ	د	ف	ض	ا	ء	ن	ز	ئ	ق
م	ؤ	ط	ل	ا	ل	ا	ل	ك	و	ي	ك	ب	ق
ا	ك	و	م	ئ	ل	ط	س	ك	م	ز	ا	ز	ت
ء	ن	إ	د	ظ	م	ك	ر	ع	ي	ك	س	و	ف

الكويكب
رائد فضاء
فلكي
سماء
صاروخ
كوكبة
عالم
كسوف
الاعتدال
جاذبية
قمر
نيزك
سديم
مرصد
كوكب
إشعاع
سوبرنوفا
مقراب
أرض
كون

65 - Tiempo

س	ا	ع	ة	ذ	ئ	ص	م	ا	م	ب	ك	ر	ا
و	د	غ	ج	ث	ق	ة	إ	أ	س	ب	و	ع	ف
ق	ى	ض	م	د	ا	إ	ق	ح	ت	ق	و	ي	م
ت	ا	ر	ر	ؤ	إ	ل	ح	ظ	ق	آ	ر	و	ش
ا	ل	ل	ع	خ	ض	ر	ل	ص	ب	ا	ح	م	ة
ل	ي	ؤ	آ	س	ن	و	ي	ي	ل	أ	م	س	ح
ظ	و	ق	ي	ن	ا	ئ	ش	ا	ل	ق	خ	ز	ظ
ه	م	ص	ب	ة	إ	ن	ا	غ	ا	ل	ع	ق	د
ي	ى	ح	ح	ل	غ	ن	ر	آ	س	ش	ه	ر	ق
ر	ض	ي	س	ف	و	ز	ز	ئ	ك	غ	ي	ن	ي
ة	س	ن	ق	خ	ر	ز	آ	ي	ع	ش	إ	آ	ق
إ	ل	ح	ع	ؤ	ك	غ	ل	ح	ظ	ة	ب	ق	ة
ق	ج	م	ع	ك	ؤ	ئ	ظ	ى	ت	ظ	م	ث	ع
غ	ب	خ	آ	ق	ش	خ	ق	د	إ	م	ب	آ	ل

الآن
قبل
سنوي
سنة
أمس
تقويم
العقد
يوم
مستقبل
ساعة

اليوم
صباح
وقت الظهيرة
شهر
دقيقة
لحظة
الليل
أسبوع
قرن
مبكرا

66 - Paisajes

ئ	ز	ح	إ	ض	خ	س	و	ج	ب	ج	ج	د	خ
ب	ر	ك	ا	ن	آ	ق	ز	د	ذ	ت	ت	ب	م
س	و	ت	د	ت	ة	س	ي	م	ج	م	ئ	خ	ل
ظ	ذ	ن	ه	ر	ش	خ	ح	ق	ف	ش	ث	ر	ا
ئ	ح	د	ح	غ	ل	ا	ل	ت	د	ل	ش	ة	ج
ا	ح	ر	ي	د	غ	ن	ط	ن	م	ا	ب	ط	و
ز	ب	ا	ض	ؤ	ز	آ	ز	ئ	س	ل	ه	ح	ن
م	ث	ل	ج	ة	آ	د	ث	ع	ت	ع	ج	ب	ر
ك	ه	ف	ج	ز	ي	ر	ة	ق	ن	ب	ز	ح	ى
آ	ج	ب	ل	ج	ل	ي	د	ة	ق	ق	ي	ي	ر
ذ	ظ	ث	ل	خ	و	ا	ح	ة	ع	ى	ر	ر	ت
م	ب	خ	ح	ن	ا	ز	د	ض	و	ا	ة	ة	ث
ص	ح	ر	ا	ء	د	ق	ش	ت	ؤ	ا	ق	ي	س
ب	ذ	ع	ش	ن	ي	ا	ر	ب	ا	ف	م	م	ص

شلال
كهف
صحراء
مصب
سخان
مثلجة
جبل جليد
جزيرة
بحيرة
لاجون

بحر
جبل
واحة
مستنقع
شبه جزيرة
شاطئ
نهر
تندرا
وادي
بركان

67 - Días y Meses

ك	ك	ة	د	ؤ	س	ب	ز	ؤ	ك	إ	ب	آ	م
ش	ة	آ	س	ب	ؤ	ظ	ج	ز	ص	ي	د	م	ك
ر	س	ظ	ت	أ	ز	ن	أ	ر	ح	ئ	م	ث	ط
ئ	ض	م	ب	إ	ي	د	ك	ة	ت	ب	س	ل	ا
ذ	ب	ر	م	ي	و	ق	ت	ع	ث	ظ	ق	ل	د
ر	ي	ا	ا	ة	ن	س	و	ى	و	ض	ث	ن	ا
ل	و	ل	ل	ا	ي	ؤ	ب	ك	و	ل	ة	و	ل
د	ل	خ	ا	ل	و	ق	ر	ي	ا	ر	ب	ف	أ
ح	ي	م	ث	ج	ق	غ	د	ث	ل	ل	و	م	ر
ز	و	ي	ن	م	أ	ك	ا	م	أ	ط	ا	ب	ب
ل	آ	س	ي	ع	غ	ء	ب	ط	ح	ئ	ة	ر	ع
ل	د	ذ	ن	ة	س	ش	ا	ش	د	ل	ت	ث	ا
ر	ي	ا	ن	ي	ط	س	ئ	ه	ئ	ئ	ب	ى	ء
م	ن	ف	ئ	ن	س	د	د	ر	ع	و	ب	س	أ

أبريل
أغسطس
سنة
تقويم
الأحد
يناير
فبراير
الخميس
يوليو
يونيو

الاثنين
الثلاثاء
شهر
الأربعاء
نوفمبر
أكتوبر
السبت
أسبوع
سبتمبر
الجمعة

68 - Chocolate

م	س	ح	و	ق	ل	ح	ا	ل	ك	ا	ك	ا	و
ر	ض	ض	ج	ة	ت	ل	آ	ص	ر	و	ص	ف	ة
ث	ر	ا	ص	ع	ن	و	م	ن	ا	ج	إ	ذ	ض
ا	ع	ة	د	ا	ا	ك	ف	ت	م	و	و	ؤ	ط
ل	ت	ا	ح	ل	و	و	ض	ج	ي	ز	ة	د	ج
ذ	ك	ل	ث	م	ل	ل	ل	ر	ل	ا	م	ة	ة
ي	آ	ع	غ	ذ	ا	أ	ة	م	ؤ	ل	ز	ب	خ
ذ	ا	ن	إ	ا	ل	ا	ك	ع	ل	ه	ث	س	د
ض	ل	ص	ظ	ق	ط	آ	ل	س	ط	ن	ك	ه	ة
س	ح	ر	آ	خ	ع	و	د	س	د	د	س	ا	ظ
غ	ر	ي	ب	ح	ا	ئ	ل	ع	ك	ة	ط	خ	ؤ
ل	ف	ؤ	خ	د	م	ح	ؤ	ف	ك	ر	و	خ	ع
ش	ي	ث	م	ت	ث	ة	ظ	م	ظ	ف	ص	ل	م
ط	خ	إ	ظ	ض	ث	ر	ص	ت	ن	خ	و	ج	ص

لذيذ
حلو
غريب
مفضل
المذاق
العنصر
مسحوق
وصفة
نكهة

مر
مضاد للأكسدة
الحرفي
السكر
الكاكاو
جودة
كراميل
جوز الهند
لتناول الطعام

69 - Barbacoas

د	ذ	ح	غ	ؤ	إ	ج	م	ص	ع	ذ	ة	ا	ا
ج	ا	آ	د	خ	ؤ	و	غ	و	ل	ش	ذ	ب	ل
ا	ط	م	ا	ط	م	ع	ر	ج	س	ص	ا	آ	أ
ج	ح	إ	ء	ح	ر	س	ش	ؤ	ي	ي	ة	ء	ط
غ	ا	ذ	ف	ا	ك	ه	ة	ج	ض	ف	ق	ة	ف
ح	ج	ص	ف	ر	إ	خ	ض	ر	و	ا	ت	ى	ا
ث	ئ	ئ	ل	س	ك	ا	ك	ي	ن	ش	ر	غ	ل
ح	آ	ذ	ب	ص	ل	ق	ا	ف	ك	و	س	ع	ف
ظ	غ	ك	آ	ن	ج	ع	أ	ل	ع	ا	ب	ة	ز
غ	ض	ر	م	ح	ؤ	ا	م	ف	س	ي	غ	ك	ى
م	ل	ح	ي	ش	ك	ج	ت	ل	ط	ة	ش	ذ	ة
ع	ف	ت	ب	ج	غ	خ	س	ز	ي	ز	ط	س	و
ك	ف	ت	ب	ى	ا	ل	س	ل	ط	ا	ت	ل	ث
ن	ؤ	ن	أ	س	ر	ة	ل	ج	ة	ن	ز	ظ	ة

غداء
حار
بصل
عشاء
سكاكين
السلطات
أسرة
فاكهة
جوع
ألعاب

موسيقى
الأطفال
شواية
فلفل
دجاج
ملح
صلصة
طماطم
صيف
خضروات

70 - Ropa

ؤ	ص	ئ	ز	ح	ج	ك	ى	آ	ظ	د	س	ذ	م
م	ث	ف	ص	ز	ب	ؤ	ش	خ	ش	غ	ت	ي	ا
م	ل	ث	ة	ث	ض	ق	ف	ذ	ل	ذ	ر	ل	ع
ع	ق	ص	ن	ئ	ل	ط	ف	ل	س	ى	ة	ت	ن
ط	غ	ج	ص	خ	ئ	ن	ة	ق	ا	ر	ا	ق	ز
ف	ر	غ	ح	ط	ش	ا	س	د	إ	س	و	ف	ش
س	ح	ز	ا	م	و	ض	ة	آ	ض	و	ق	ا	ق
ت	ص	ض	ل	ب	ا	س	ن	و	م	ا	ب	ز	ل
ا	ن	ت	س	ذ	ق	ل	ض	إ	ق	ر	ع	ا	ا
ن	ا	و	ت	ض	م	ئ	ز	ر	و	ط	ة	ت	د
ي	د	ث	ر	آ	ي	ت	ح	ص	م	ش	ع	ئ	ة
غ	ل	ر	ة	ة	ص	ز	ذ	س	ت	ا	ا	ح	ر
م	ج	و	ه	ر	ا	ت	ا	ي	ا	م	ث	ح	ك
ب	ل	و	ز	ة	م	آ	ء	ج	ث	ع	ش	ى	ج

معطف
بلوزة
وشاح
قميص
السترة
حزام
قلادة
مئزر
تنورة
قفازات
مجوهرات
موضة
سروال
لباس نوم
سوار
صنادل
قبعة
سترة
فستان
حذاء

71 - Meditación

س	ا	ع	ق	ل	ي	ش	ش	ا	ا	ل	ص	م	ت
ل	ن	ل	ك	ك	ك	ش	ك	ا	ل	م	و	ق	ف
ا	ت	ذ	م	خ	ق	م	خ	ر	ع	أ	و	ن	ص
م	ب	ك	ط	ر	ة	ك	ن	د	و	ف	ع	ط	ف
آ	ا	ل	ب	غ	ا	ر	س	إ	ا	ك	خ	خ	ز
ى	ه	آ	ي	ل	ل	ق	ح	ي	ط	ا	ت	ح	ت
ئ	ر	ع	ع	ق	ل	و	ب	ة	ف	ر	ن	ف	ط
ح	ر	ك	ة	ط	ح	ن	ض	ة	ئ	ى	ق	ط	د
ظ	ه	ط	ا	ل	م	ن	ظ	و	ر	ظ	ب	ص	ح
غ	د	ش	ب	ا	ل	ل	ط	ف	ح	ح	و	ض	ك
م	و	س	ي	ق	ى	ي	د	إ	ث	ف	ل	ث	ف
ي	ء	س	ؤ	و	إ	ح	ف	ر	ف	ر	ب	خ	ص
ا	ل	ت	ن	ف	س	ز	ظ	د	ص	م	د	ذ	ذ
و	ط	ت	ن	ج	ا	ث	ث	ي	ف	ش	ي	ص	ذ

قبول
انتباه
اللطف
هدوء
وضوح
عطف
العواطف
شكر
عقلي
عقل

حركة
موسيقى
طبيعة
المراقبة
سلام
أفكار
المنظور
الموقف
التنفس
الصمت

72 - Comedia

ر	ى	آ	ك	ش	د	ا	د	ة	آ	ا	خ	ا	ت
ق	ط	إ	و	و	ك	ت	ل	ك	ث	ل	ؤ	ل	ل
إ	ن	ح	ؤ	ز	م	ع	ب	ر	ة	ن	ش	م	ف
ش	ط	ب	ب	ر	م	ج	ذ	ش	ذ	ك	ي	ه	ز
إ	ن	ز	ز	غ	ث	ر	ي	ب	ا	ك	غ	ر	ي
إ	ر	ج	ع	ا	ل	ن	و	ع	ت	ت	ج	ج	و
غ	ز	ذ	ف	ل	ة	ع	ش	إ	ي	ص	ز	ي	ن
م	ح	ا	ك	ا	ة	س	ا	خ	ر	ة	ف	ن	ي
ش	ق	م	م	ر	ا	ل	ج	م	ه	و	ر	ي	ك
ف	ح	ر	س	ت	ا	ل	م	م	ث	ل	ع	ن	ق
ر	ك	ح	ر	ج	خ	ة	ئ	س	ظ	ش	ث	ص	ب
ح	س	ا	ح	ا	و	ظ	ظ	م	ض	ح	ك	ل	س
ر	إ	ل	ه	ل	ب	ص	ي	ى	ى	ح	ؤ	ن	ش
و	آ	غ	م	ة	آ	و	ك	ي	ط	ؤ	ك	ي	ؤ

الممثل
ممثلة
تصفيق
الجمهور
النكات
مرح
معبرة
النوع
مضحك

فكاهة
الارتجال
ذكي
محاكاة ساخرة
المهرجين
ضحك
مسرح
تلفزيون

73 - Libros

آ	ة	د	ع	ق	ض	ر	ز	إ	س	ل	س	ل	ة
ط	أ	و	ا	ل	ا	ز	د	و	ا	ج	ي	ة	ج
إ	د	ق	ج	ث	خ	ق	ص	ة	ة	ق	ا	ر	ئ
و	ب	ذ	ا	ت	ا	ل	ص	ل	ة	ي	ق	ي	ع
ا	ي	ح	د	ش	ع	ر	ف	ي	ل	ر	ا	ت	ل
م	ل	د	ؤ	ت	د	ؤ	ح	ش	د	ق	ل	ا	د
ؤ	ك	ر	ئ	ك	ئ	ب	ة	ك	ا	ة	ك	ر	ب
ل	م	ت	ا	م	غ	ا	م	ر	ة	ر	ل	ي	ق
ف	ج	ل	و	و	و	خ	أ	ؤ	ا	و	ا	خ	م
ع	م	ذ	إ	ب	ي	ش	س	ح	س	ا	م	ي	ق
ر	و	ح	ا	ل	د	ع	ا	ب	ة	ي	ب	ز	ى
م	ع	ش	ك	إ	د	ذ	و	ة	ض	ة	د	غ	ك
آ	ة	ى	ف	ص	ن	ط	ي	ط	ب	خ	ع	ش	ث
خ	ب	ز	م	ز	ر	ك	ذ	ج	إ	ش	د	ك	ك

مؤلف
مغامرة
مجموعة
سياق الكلام
الازدواجية
مكتوب
قصة
تاريخي
روح الدعابة
مبدع

قارئ
أدبي
الراوي
رواية
صفحة
ذات الصلة
قصيدة
شعر
سلسلة
مأساوي

74 - Nutrición

س	م	ت	و	ا	ز	ن	و	ث	ا	ا	ف	ا	ض
آ	م	ث	ث	ب	ة	آ	ث	ي	ل	ل	ي	ل	إ
ش	ئ	ل	ز	ث	ا	ي	ة	ح	ص	م	ت	ب	ق
ط	ه	ض	م	ؤ	غ	إ	ط	و	ح	غ	ا	ر	ط
آ	ص	ي	ئ	ب	ص	ح	ي	ك	ة	ذ	م	و	ق
ج	ا	ى	ة	ق	ق	ظ	ط	ج	ن	ي	ي	ت	ح
ق	ل	ظ	س	ر	ص	ح	خ	و	ش	و	ن	ي	م
ة	ح	ت	س	ة	ط	ر	ئ	د	ك	ز	ن	ن	ي
ا	ل	ع	ا	د	ا	ت	ي	ة	م	ن	ش	ا	ة
ا	ل	ك	ر	ب	و	ه	ي	د	ر	ا	ت	ت	ج
ن	أ	ح	خ	س	و	م	ص	م	ت	خ	م	ي	ر
ك	ك	غ	ب	ك	ش	ح	ل	ث	ص	ي	ا	ب	إ
ه	ل	ك	ب	و	ص	م	ص	ع	آ	ة	س	ث	م
ة	ى	ص	ن	آ	ب	ص	ة	ر	م	ض	ر	ض	إ

مر
شهية
جودة
الكربوهيدرات
الحبوب
صالح للأكل
حمية
هضم
متوازن
تخمير

العادات
المغذي
وزن
البروتينات
نكهة
صلصة
الصحة
صحي
سم
فيتامين

75 - Bondad

م د ي ف م د ص ز ك ل خ ط ي غ
و ل ع ة ض ث ذ ر ج ط د ي ع س
ث ج ب ص ي ر ي ى ى ي خ ح ؤ ؤ
و م ه ف ا م ي و ا ف ل ئ م ث
ق غ خ ل ف ت ت ذ ي ع ذ ص إ ظ
ب س ح ك خ س ظ ت ئ ا ل ب ق ت
ه ي د و غ ا ر و ب ص ب ح م ن
ا ت د غ ر م ه ب ت ن م ن أ إ
ش ق ط ح ك ح إ ف س ط ص و ص ل
و ن ي ع ة م ع ت ج ا إ ن ل ب
ى م ش ث ر ج غ ؤ د د ج غ ي ث
س ج د ص ل ص م ق م ر ت ح م ز
ظ ط ق ز ذ ق ص ى ع غ ف ش ؤ ي
غ ل ا ح ز ت م ب غ ة ة د ة ن

أصلي
صادق
مضياف
صبور
تقبلا
محترم
لطيف
متسامح
مفيد

حنون
ودي
محب
منتبه
رحيم
فهم
سعيد
موثوق بها
كريم

76 - Edificios

م	س	ر	ح	ظ	ي	ر	ة	غ	ض	ش	ب	ج	ب
ق	ل	م	س	ت	ش	ف	ى	ك	ف	ؤ	ك	ا	و
ح	ذ	ع	ز	خ	ط	م	ض	ر	ش	ى	آ	م	ط
م	خ	ت	ب	ر	ئ	ل	ش	ا	ب	ر	ج	ع	ث
ب	ش	آ	خ	ق	ع	ت	س	ج	ة	ظ	ق	ة	غ
ح	ي	ق	ل	ع	ة	ة	و	ا	ط	و	خ	غ	ن
ك	آ	ش	ة	ذ	غ	ز	ب	س	م	ا	س	ك	ق
م	ص	ن	ع	ة	م	د	ر	س	ة	د	ح	ؤ	ي
ن	و	ز	م	ض	ت	و	م	ظ	ذ	إ	ا	ؤ	ظ
خ	ذ	ل	ر	ؤ	ح	ز	ا	ا	ي	ر	ن	ا	ظ
ج	غ	ا	ل	س	ف	ا	ر	ة	خ	ا	ت	ح	ن
م	ر	ص	د	ا	ض	ث	ك	ز	ظ	ة	ك	د	خ
س	ي	ن	م	ا	ض	ش	ت	ف	ث	ب	ص	ب	ش
ف	ط	ئ	خ	ف	ن	د	ق	ع	ف	ى	ؤ	ت	ط

نزل
شقة
قلعة
سينما
السفارة
مدرسة
ملعب
مصنع
كراج
حظيرة

مزرعة
مستشفى
فندق
مختبر
متحف
مرصد
سوبر ماركت
مسرح
برج
جامعة

77 - Océano

ن	ا	ط	ر	س	م	ح	س	ت	ط	ج	ع	م	ص
خ	ب	ل	ا	ح	ط	ل	ا	و	ؤ	ث	ز	س	ف
ج	ز	ة	ا	ف	ح	ل	س	ن	ش	ر	ق	ر	ف
م	ز	ر	ن	ل	ا	خ	د	ة	ف	ص	ا	ع	آ
ب	ج	د	ح	ق	ا	س	ر	ف	خ	ل	ر	ز	ض
ر	م	و	ق	ن	ا	ب	ع	ث	م	ش	ب	ة	و
ي	ت	ل	و	د	إ	و	ض	ر	ل	ص	ض	س	ص
ز	ص	ف	ل	ي	س	ق	ج	ئ	ح	م	ض	م	ق
ص	ج	ي	ى	ل	ف	ا	ص	ش	ط	ظ	ف	ك	ش
ص	ذ	ن	آ	ا	ن	م	آ	ط	و	ب	ط	خ	أ
غ	ق	ل	ن	ل	ج	ط	ث	خ	ض	ت	خ	خ	ع
ى	ك	ئ	ق	ب	ش	م	إ	آ	ئ	ك	و	ر	ة
ض	ج	ة	س	ح	ق	ج	ا	و	م	أ	ئ	ز	ى
ع	ش	ل	آ	ر	ز	ج	ل	ا	و	د	م	ل	ا

المد والجزر
قنديل البحر
أمواج
محار
سمك
أخطبوط
ملح
قرش
عاصفة
سلحفاة

الطحالب
ثعبان
تونة
حوت
قارب
جمبري
سرطان
المرجان
دولفين
إسفنج

78 - Ciudad

ز	س	خ	ن	م	ع	ر	ض	م	و	م	خ	م	م
ل	ة	ط	ك	د	م	ئ	ح	خ	س	ؤ	ز	ك	ل
م	ت	ح	ف	ر	ط	ش	و	ب	د	ر	ن	ت	ع
ط	ع	ص	س	س	ع	ج	س	ز	ت	ا	ح	ب	ب
ا	ا	ي	ث	ة	م	د	و	ي	ك	ل	ى	ة	ح
ر	ك	ت	ا	ف	ن	د	ق	ش	ن	ق	ك	ز	د
ط	إ	ا	غ	د	ن	ض	ن	ق	ج	م	و	ص	ي
ل	ؤ	ك	ا	ظ	ة	ط	خ	د	ا	ن	ا	ي	ق
س	و	ب	ر	م	ا	ر	ك	ت	م	س	ب	د	ة
ج	س	غ	ة	ة	ي	و	غ	د	ع	ق	ن	ل	ح
ح	ز	ؤ	د	ش	ط	م	ا	غ	ة	ز	ك	ي	ي
ت	ع	ؤ	ص	ة	ج	ج	ق	ذ	ن	ه	إ	ة	و
د	ق	ض	ح	و	ل	إ	ض	و	د	و	ئ	ق	ا
ى	ك	ك	ئ	ة	ي	ز	ج	ل	ى	ر	م	آ	ن

مطار
بنك
مكتبة
سينما
عيادة
مدرسة
ملعب
صيدلية
منسق زهور
معرض

فندق
سوق
متحف
مخبز
مطعم
سوبر ماركت
مسرح
خزن
جامعة
حديقة حيوان

79 - Conservación

م	س	ت	د	ا	م	أ	ا	ل	ك	ل	ا	ئ	ة
ن	س	م	ع	ف	ف	خ	ل	ا	ل	ت	ل	و	ث
ا	ن	ت	س	ل	خ	ض	م	ل	ج	ص	ت	ي	ث
خ	خ	ط	د	ب	ي	ر	و	ص	س	ط	غ	د	م
ع	ف	و	ح	ب	ة	م	ئ	ح	ث	ئ	ي	ش	ض
ا	ض	ع	ص	ت	ب	ط	ل	ة	ح	آ	ي	خ	م
ف	ل	و	د	و	ر	ة	ح	ى	ى	ج	ر	ق	ل
ؤ	ط	ب	ي	ع	ي	ق	ع	ف	ر	ق	ا	د	ب
ر	ج	ل	ي	ؤ	ى	إ	ج	ظ	ض	د	ت	ق	ث
م	ا	ء	ض	ئ	ظ	ش	ر	د	ش	ة	ي	ق	ز
ك	ت	ئ	ؤ	ش	ة	ذ	ي	ز	د	غ	ص	ل	آ
إ	ع	ا	د	ة	ا	ل	ت	د	و	ي	ر	ق	ك
م	ب	ي	د	ا	ل	آ	ف	ا	ت	ي	ق	ش	خ
ا	ل	ن	ظ	ا	م	ا	ل	ب	ي	ئ	ي	خ	ف

ماء
البيئة
التغييرات
دورة
مناخ
التلوث
النظام البيئي
تعليم
الموئل
طبيعي

عضوي
مبيد الآفات
قلق
إعادة التدوير
خفض
الصحة
مستدام
أخضر
متطوع

80 - Exploración

ط	ا	ل	ت	ض	ا	ر	ي	س	ن	ن	ج	ا	ل
ح	ل	غ	ي	ر	م	ع	ر	و	ف	ش	ي	غ	ي
ض	إ	ة	خ	ف	ح	ف	غ	ا	ح	ؤ	ا	غ	ت
ش	ث	ذ	ا	و	ك	ا	آ	ض	غ	آ	ل	ط	ع
ح	ا	ؤ	ت	ن	ن	ن	ل	ي	إ	ش	س	ا	ل
ة	ر	ك	ي	ز	ئ	خ	س	ج	ل	آ	ف	ل	م
ي	ة	ز	ل	ف	ك	ظ	م	ظ	د	ة	ر	ح	ث
ب	ر	ي	م	ض	ش	غ	ج	ب	ع	ي	د	ي	ع
ا	ث	ر	ق	ا	ش	ج	ا	ع	ة	ز	د	و	ث
ض	ئ	خ	ف	ء	ا	ك	ت	ش	ا	ف	م	ا	ت
ح	ة	ا	ل	ث	ق	ا	ف	ا	ت	د	ؤ	ن	ة
إ	ض	ز	ذ	ج	ح	ج	ك	خ	ش	ط	إ	ا	ك
ي	ؤ	ت	ز	ل	ش	د	ح	ر	ئ	و	ص	ت	ي
ش	ى	خ	ي	ف	ذ	ا	ن	ظ	ح	ذ	إ	ن	م

نشاط
نزف
الحيوانات
ليتعلم
شجاعة
الثقافات
غير معروف
اكتشاف
عزم

بعيد
الإثارة
فضاء
لغة
الجديد
بري
التضاريس
السفر

81 - Actividades y Ocio

ا	ج	ص	ا	ل	ل	و	ح	ة	ا	ص	ط	ج	س
ل	ظ	م	ل	ا	ك	م	ة	ة	ة	ل	ط	ق	ب
س	ت	ا	ا	ت	خ	ي	ي	م	ظ	ز	غ	س	ا
ف	ن	ل	س	ك	س	ب	ا	ح	ة	غ	ة	و	ق
ر	س	ه	ت	ر	ر	ا	ش	إ	غ	ض	ا	ت	ص
ق	ح	و	ر	ة	ا	ة	ا	ا	ل	ط	ؤ	ج	ي
ج	ئ	ا	خ	ا	و	ؤ	ا	ر	إ	ش	ج	ك	د
و	ت	ي	ا	ل	خ	ف	ل	ل	ذ	ن	ظ	إ	ا
ل	ص	ا	ء	ق	ف	ب	ت	ب	س	ت	ن	ة	ل
ف	ف	ت	آ	د	ج	ص	س	ي	ظ	ل	إ	ا	س
ؤ	ح	ة	ع	م	ش	ط	و	س	ش	و	ة	ؤ	م
ل	س	ف	غ	ت	ب	ج	ق	ب	ل	ج	ن	ل	ك
ق	س	ب	ف	ت	ك	ص	ذ	و	د	ت	ة	غ	إ
ؤ	و	ا	ل	ك	ر	ة	ا	ل	ط	ا	ئ	ر	ة

جولف
بستنة
سباحة
صيد السمك
اللوحة
الاسترخاء
تصفح
تنس
السفر
الكرة الطائرة

الهوايات
فن
كرة السلة
بيسبول
ملاكمة
الغوص
تخييم
سباق
التسوق
كرة القدم

82 - Comida #1

ز	ض	ج	ك	ك	إ	ل	ي	م	و	ن	ة	ل	ل
ن	ز	ز	ة	ع	س	آ	ح	ك	ع	ذ	ت	ع	ح
ب	ف	ر	ج	ى	ت	ذ	ن	م	ا	ج	و	ة	إ
ق	ر	ف	ة	ك	ز	ر	ة	م	ر	م	ن	ي	ت
و	ا	آ	ى	م	ع	ص	ي	ر	ج	ي	ة	غ	م
ص	و	ذ	ط	ث	ث	ر	س	ز	ش	ق	ف	ث	ف
س	ل	ز	ئ	ر	و	ئ	ل	ك	ث	ش	ع	ي	ر
ظ	ة	س	ج	ى	م	ح	ط	ل	ف	ت	ق	ذ	ي
ح	ل	ي	ب	ظ	ى	س	ة	ل	ت	ئ	ل	ن	ح
ص	ت	ة	ص	ا	ر	ا	ا	ل	س	ك	ر	ع	ا
ظ	س	ل	ل	ظ	ن	ء	ل	م	ى	ح	ح	ن	ن
ظ	ث	ط	ؤ	آ	ض	خ	آ	ص	ر	ت	ط	ا	ا
ن	ؤ	ظ	ح	د	د	آ	ة	إ	ب	ز	غ	ع	د
ق	ى	إ	ث	ص	ف	م	ل	ح	ض	ع	ح	ك	إ

ثوم
ريحان
تونة
السكر
قرفة
لحم
شعير
بصل
سلطة
سبانخ

فراولة
عصير
حليب
ليمون
نعناع
لفت
كمثرى
ملح
حساء
جزر

83 - Virtudes #1

ذ	ط	ظ	ظ	ظ	آ	ش	ر	ى	ة	ة	ش	ن	م
ي	ز	و	ف	ع	ض	س	د	س	ذ	ث	ع	ت	ث
ح	ؤ	و	س	ز	ى	و	ض	ى	ا	ل	ش	س	م
ئ	خ	و	ص	م	و	ش	ع	ة	ح	ك	ي	م	ت
ف	ن	ي	ع	ر	ج	ش	آ	م	ف	ي	د	ل	و
ل	ض	ب	ط	ش	ذ	ح	ث	س	ل	ح	س	ن	ا
ص	ب	و	ر	م	ك	س	ن	ت	ي	ي	ى	ط	ض
ع	ح	ا	ل	خ	ي	ا	ل	ق	م	ض	ح	ك	ع
ؤ	ا	ش	ب	ي	ح	ح	ف	ل	ع	آ	ك	ح	ئ
ف	س	ط	ض	ح	ك	ر	ي	م	ب	ظ	ن	ط	م
ؤ	م	ق	ف	ع	ا	ل	ة	آ	د	ف	ظ	غ	ح
ز	ض	ش	ى	ي	ي	ف	ج	ى	غ	ل	ي	ق	ة
د	ز	ز	ؤ	ئ	ك	ب	ع	ن	ئ	ئ	ف	ص	د
ج	ى	م	ذ	م	و	ث	و	ق	ب	ه	ا	ن	و

عاطفي
فني
حسن
فضولي
حاسم
فعالة
ساحر
موثوق بها
كريم
مضحك

الخيال
مستقل
ذكي
نظيف
متواضع
صبور
عملي
حكيم
مفيد

84 - Literatura

ظ ا ا ع م آ ش ي ر ر و ق و د
ع س ل ط ز ز ة ي ا ك ح ض ج ج
ق ت ر ع د ن ت س ش ز ل ض إ خ
ا ع ا ت ر غ ت إ ي أ ر ط ق ي
ف ا و ط م ن م ى م ث و ش ص ا
ي ر ي ك ت س ا ي ق ل ا م ي ل
ة ة ة ا آ ج ظ ة ك ع ي ق د ة
خ و ج ق ع ج غ ط ر ؤ ة ا ة ص
ح ك ل ي ل ح ت ي ح و ق ر خ ر
خ ك ش إ ع و ض و م ص آ ن ة إ
ن د ج ي ش ا ظ ؤ أ ف د ة ظ ئ
ر ظ ح ق م ر ل ج س ص ل ة آ ل
ة ف ن ا ض ف ب ش ا ص آ ئ ف ح
إ ض غ ع ذ ة ظ غ ة ص ق و آ ى

استعارة
الراوي
رواية
رأي
قصيدة
شاعري
قافية
إيقاع
موضوع
مأساة

القياس
تحليل
حكاية
مؤلف
مقارنة
استنتاج
وصف
حوار
نمط
خيال

85 - Baño

ح	ح	ف	م	م	ز	م	ض	و	ت	ة	م	ر	ح
ذ	س	ئ	ز	ب	ح	م	ى	ب	ت	خ	م	د	ع
ت	ش	خ	ئ	ك	ا	ذ	ط	ذ	ف	س	ص	ى	ش
خ	ة	ل	ئ	خ	ط	ص	ا	ب	و	ن	م	خ	ف
ح	آ	ظ	غ	س	و	ل	ش	ا	م	ب	و	ق	ت
ر	م	ا	ء	ج	ذ	خ	ا	ع	ط	ر	ى	ذ	غ
ف	ق	ا	ع	ا	ت	م	ج	ة	ى	ظ	ح	غ	ف
م	ق	ص	م	د	ع	ر	إ	و	ج	ص	ذ	ا	ت
ن	ر	خ	ؤ	ة	ى	آ	ث	س	ص	ا	ح	ل	ض
ش	ى	ذ	ي	ث	ت	ة	آ	ق	ف	ح	ة	م	د
ف	س	غ	ف	ح	ع	ب	خ	ا	ر	ن	ة	ق	ش
ة	ش	ض	ك	ع	د	ض	ي	ئ	ش	آ	ج	ب	ؤ
ل	و	إ	ق	ح	ج	ث	ذ	ا	ع	ح	خ	ل	ا
ص	ن	ب	و	ر	م	ز	د	ا	ث	م	ح	ص	ر

ماء
سجادة
مرحاض
حمام
فقاعات
شامبو
دش
مرآة

إسفنج
صنبور
صابون
غسول
عطر
مقص
منشفة
بخار

86 - Clima

ا	د	ي	ل	ج	و	و	م	آ	إ	ء	ا	م	س
ل	ر	ف	ا	ف	ج	إ	م	ي	س	ن	ن	ض	ب
غ	ج	ة	س	ض	ع	ل	ا	ى	ب	ا	و	ع	ع
ل	ة	خ	آ	ص	و	ظ	ز	ئ	خ	ع	م	ث	ب
ا	ا	ن	ا	ض	ي	ف	ط	و	د	ن	ا	ة	ة
ف	ل	ر	ل	ك	ج	ج	ج	ؤ	د	ب	ي	غ	ش
ا	ح	ه	ض	ي	ئ	ا	و	ت	س	ا	ق	آ	ئ
ل	ر	د	ب	ذ	ص	ج	ؤ	ج	ح	ا	م	ك	ط
ج	ا	و	ا	إ	م	ص	ج	ا	ا	ن	ل	غ	ي
و	ر	ء	ب	ف	ي	ز	آ	ف	ب	ح	ت	ة	س
ي	ة	خ	ئ	ش	ث	ح	ي	ر	ة	ك	ن	ت	ش
م	ئ	ا	غ	ي	ئ	م	ق	ى	ر	ط	ا	ك	غ
ب	ظ	ى	د	ع	ر	ل	ا	ي	ب	ط	ق	ض	ل
د	ب	ة	ظ	ي	ذ	ة	ف	ص	ا	ع	د	ر	ذ

الغلاف الجوي
نسيم
هدوء
سماء
مناخ
جليد
فيضان
الضباب
سحابة
غائم

قطبي
برق
جاف
جفاف
درجة الحرارة
عاصفة
إعصار
استوائي
الرعد
ريح

87 - Comida #2

ك	ف	و	ش	ر	خ	ى	ن	ش	ن	ي	ث	ئ	ث
ر	ؤ	ل	ي	ب	ج	ن	ز	و	م	ك	ع	ر	ط
ف	ع	ك	ز	ر	أ	ج	ج	ك	ن	ط	غ	ج	ز
س	ب	ي	ب	ص	ق	ر	ر	و	ص	ك	غ	ع	ج
ف	ا	و	ا	ط	م	ز	و	ل	ؤ	ح	ذ	ظ	ل
ث	د	ي	د	و	ح	ك	ط	ا	ؤ	ص	ك	ص	د
ت	ا	ك	ي	ن	ب	آ	ض	ت	و	ص	ن	ب	ج
ي	ل	ت	ط	ض	ئ	ق	ف	ة	و	س	ج	ا	ا
ق	ش	ئ	م	ش	ح	ا	ط	غ	ب	ث	ر	ذ	ج
ب	م	ض	ا	ش	ح	خ	ظ	ف	ز	ي	ؤ	ن	ك
ي	س	ث	ط	ش	ئ	ؤ	ص	ذ	س	غ	ش	ج	ط
ض	ف	ق	م	م	ق	ب	ب	ن	ع	ك	ج	ا	خ
ة	ق	ض	ح	ي	ا	ك	ت	ب	ط	ئ	آ	ن	إ
ي	ف	ح	ظ	خ	ش	ظ	ك	ا	ئ	ض	ح	د	ة

خرشوف
لوز
كرفس
أرز
باذنجان
كرز
شوكولاتة
عباد الشمس
بيضة
زنجبيل

كيوي
تفاح
خبز
موز
دجاج
جبن
طماطم
قمح
عنب
زبادي

88 - Castillos

آ	ر	و	ظ	ف	ك	ث	ب	س	ح	ص	ا	ن	إ
و	ر	و	ز	ح	ا	ئ	ط	ي	ل	ت	ا	ج	ق
ر	ر	ف	ظ	ص	ث	ر	ج	ف	ض	ا	ر	ض	ط
ا	ل	ن	ب	ي	ل	ر	س	ذ	غ	ض	ل	ك	ا
ث	ض	ش	ر	ك	ظ	د	ر	س	ئ	غ	ح	ة	ع
ت	ز	ح	ج	ج	ش	ب	خ	ح	إ	ض	آ	ئ	ي
غ	ن	أ	م	ي	ر	ة	ن	ل	ع	أ	ا	د	إ
ع	ز	ي	س	م	ل	ع	د	ر	ع	م	ل	ة	ى
ش	ا	ن	ن	ى	ئ	ب	ق	ث	ذ	ي	م	ذ	ن
ظ	ن	ع	ي	ا	د	ى	ص	ؤ	ؤ	ر	م	س	ص
ظ	ة	ج	ط	ث	ك	ف	ر	ب	ة	ل	ل	آ	خ
إ	م	ب	ر	ا	ط	و	ر	ي	ة	خ	ك	خ	ا
ر	ل	ج	ش	ث	ئ	ط	ط	خ	ئ	ؤ	ة	ئ	ح
ا	ل	م	ن	ج	ن	ي	ق	ق	ص	ب	غ	ص	ث

درع
فارس
حصان
المنجنيق
تاج
سلالة
تنين
سيف
إقطاعي
خندق

إمبراطورية
زنزانة
النبيل
قصر
حائط
أميرة
أمير
المملكة
برج

89 - Arte

ج	ص	ح	ل	ك	ش	ل	ا	ئ	ى	و	ل	ئ	ن
م	ك	خ	ق	د	ا	ص	ل	ى	ف	ر	و	ص	م
ؤ	ظ	ر	ن	ي	و	ك	ت	ر	ض	م	ح	ز	و
ف	ش	ا	م	ب	ر	ب	ع	ظ	ف	ز	ا	إ	ض
ي	ر	ص	ب	ط	ي	س	ب	ق	ل	ج	ت	ي	و
ش	ة	ل	ي	ص	خ	ش	ي	خ	ن	ي	ش	ط	ع
ى	ح	ص	خ	م	ب	ك	ر	م	ش	ة	ع	ص	م
ط	ف	ت	ل	ض	ض	ذ	ح	ض	إ	ض	ر	ص	س
ع	غ	ة	ة	ي	ل	ا	ي	ر	س	ل	ا	ي	ت
ذ	إ	ة	ي	ظ	ض	ؤ	ز	ز	ب	ل	ر	ن	ن
ة	ع	ض	ذ	ر	ي	و	ص	ت	ن	ا	ع	أ	ث
ل	ي	ض	خ	ح	ح	ش	د	ح	م	ز	ص	ص	ة
و	ج	ط	ث	ت	ي	س	ت	ي	إ	ث	ط	ل	إ
ك	ع	ص	ح	ئ	ن	ا	ك	ث	ئ	غ	ن	ي	ى

شخصي
لوحات
شعر
تصوير
بسيط
رمز
السريالية
موضوع
بصري

سيراميك
مركب
تكوين
النحت
التعبير
الشكل
صادق
مزاج
ربما
أصلي

90 - Herboristería

ص	ة	و	آ	ج	م	ت	ظ	خ	ز	ا	م	ى	م
ف	ي	ث	ي	و	ى	ة	ى	و	ه	ي	ر	ن	ر
ي	ت	ش	غ	د	و	ع	ؤ	ة	ر	ب	آ	ة	د
س	خ	ز	ز	ة	ز	ؤ	ن	إ	ة	ت	ف	آ	ق
خ	ض	ى	غ	ص	ب	آ	آ	ئ	م	ئ	ز	ي	و
إ	ك	ل	ي	ل	ا	ل	ج	ب	ل	ع	ظ	ز	ش
ئ	آ	ط	ت	ب	ع	إ	و	ج	م	ص	ن	ع	ا
ا	ل	ط	ه	ي	ب	ق	د	و	ن	س	ع	ف	ل
ل	ل	غ	إ	ئ	ح	خ	ة	ز	ك	ز	ن	ر	ط
ع	ئ	ش	ح	د	ي	ق	ة	م	ه	ى	ا	ا	ر
ن	ع	ب	م	خ	ج	ى	ط	أ	ة	م	ع	ن	خ
ص	ط	ت	غ	ر	ي	ح	ا	ن	خ	ث	و	م	و
ر	ر	ر	ئ	إ	ة	ش	ج	ح	ا	ض	و	ا	ن
ث	ي	ن	غ	ق	م	م	ز	ى	س	ض	ر	م	ب

ثوم
ريحان
عطري
زعفران
جودة
الطهي
شبت
الطرخون
زهرة
الشمرة

العنصر
حديقة
خزامى
مردقوش
نعناع
بقدونس
مصنع
إكليل الجبل
نكهة
أخضر

91 - Verano

ئ	ى	ف	د	ف	د	ص	أ	ج	ة	خ	ت	ق	ذ
ي	ا	س	س	ج	ج	ن	آ	س	ث	ت	خ	ض	ك
س	ة	ى	ا	ص	ح	ا	ب	ج	ر	د	ي	ق	ن
ة	ل	ا	ل	ر	ن	د	ي	م	ن	ة	ي	آ	إ
ز	ر	ي	ن	ب	ا	ل	غ	و	ص	إ	م	ح	ل
ق	ئ	س	ج	ذ	ح	د	ة	ى	ؤ	و	ا	ا	ذ
م	د	غ	و	د	ك	ر	ح	ع	ى	ل	ل	ب	ك
ا	ج	ث	م	ر	ح	ر	د	ش	ل	ف	ت	ج	ذ
ن	ع	ئ	و	ب	ت	ف	ي	ب	ى	ى	ر	إ	ق
و	أ	ك	ق	ف	م	آ	ق	ا	ل	س	ف	ر	ئ
ل	ل	ل	س	ب	ا	ح	ة	س	ت	ر	ي	ف	ا
ط	ع	ا	م	و	س	ي	ق	ى	ة	ر	ه	ف	ب
ب	ا	س	ت	ر	خ	ا	ء	ش	ا	ط	ئ	غ	ي
خ	ب	ا	ل	ك	ت	ب	ع	ط	ل	ة	ظ	م	ذ

مرح
اصحاب
الغوص
تخييم
طعام
النجوم
أسرة
حديقة
ألعاب
الكتب

بحر
موسيقى
للسباحة
الترفيه
شاطئ
ذكريات
استرخاء
صنادل
عطلة
السفر

92 - Insectos

ج	أ	ا	ل	ب	ع	و	ض	ب	ك	ط	ث	ا	ف
ا	ر	ر	ظ	ا	ط	ف	م	ر	ؤ	آ	ح	ل	ر
ل	ض	ا	ل	ع	ى	ذ	ت	غ	ث	ب	ق	خ	س
د	ة	و	د	ث	ى	ى	ى	و	ل	س	ج	ن	ا
ب	ص	ؤ	و	ة	ذ	ز	ى	ث	ت	ف	ت	ف	ل
و	ج	ش	د	ل	د	ص	ص	ج	ن	د	ب	س	ن
ر	ج	س	ة	ح	د	ي	ر	ق	ة	و	ط	ا	ب
ش	ف	ك	آ	ث	ف	ب	ص	ؤ	ش	آ	ف	ء	ي
ك	ك	ن	خ	ط	س	ظ	و	ي	و	ل	ك	آ	ؤ
ا	ل	م	ن	ح	ل	ة	ر	ر	ؤ	ا	خ	ف	ئ
ث	ح	ل	ف	ر	ا	ش	ة	ت	غ	ت	ة	ح	ظ
ف	ي	ة	س	خ	د	ى	س	ص	إ	خ	ى	ب	خ
إ	ث	ع	ا	ل	ي	ع	س	و	ب	ز	ا	ي	ث
غ	ف	م	ء	ي	ح	و	ا	ص	ا	ل	ز	ي	ز

نحلة
دبور
الدبور
المن
الزيز
صرصور
خنفساء
دودة
نملة
جرادة

يرقة
اليعسوب
فرس النبي
فراشة
الخنفساء
البعوض
عثة
برغوث
جندب
أرضة

93 - Especias

ج	ن	ا	ر	ف	ع	ز	ع	ي	ح	ا	ا	ت	ل
و	ا	ة	ا	ل	ف	ن	ر	ق	ل	ا	ز	و	ؤ
ز	ل	ظ	ة	ل	ل	ج	ق	م	و	ل	س	و	إ
ة	ش	ق	ف	ظ	ف	ب	ا	ث	ك	ي	ر	ا	ك
ا	م	ل	ص	خ	ل	ي	ل	ف	ز	ا	خ	ؤ	خ
ل	ر	ل	خ	ك	أ	ل	س	د	ا	ن	و	ؤ	س
ط	ة	ي	ؤ	ى	ح	م	و	ث	ظ	س	ك	ب	د
ي	ة	ف	ر	ق	م	ي	س	م	م	و	خ	خ	ض
ب	س	ا	ظ	ي	ر	م	ب	ئ	ج	ن	ر	م	ن
إ	ل	ن	ط	د	ع	ص	ص	ت	ح	ش	ؤ	ؤ	ى
ى	آ	ي	ى	ة	إ	إ	ن	ل	ت	ة	ه	ك	ن
إ	ا	ل	د	ز	آ	م	ض	م	ا	ح	م	ش	ط
و	ة	ا	ث	ج	ل	ذ	س	ؤ	ز	و	ل	م	د
ق	ل	ص	ب	ح	ض	ز	ظ	ت	ن	غ	ة	ق	ذ

حامض
ثوم
مر
اليانسون
زعفران
قرفة
بصل
القرنفل
كمون
كاري

حلو
الشمرة
زنجبيل
جوزة الطيب
فلفل أحمر
فلفل
عرق السوس
نكهة
ملح
فانيلا

94 - Emociones

م	ش	م	ظ	ل	ئ	و	خ	إ	ب	ح	ب	ف	م
ي	ح	ق	ر	ا	ض	ض	ا	ل	ن	ع	ي	م	ح
ل	ض	ت	خ	ح	ح	س	ل	ا	م	ب	س	ض	ر
ل	ه	د	و	ء	ز	ح	ه	ح	ل	ز	ذ	ي	ج
ح	ب	ى	ف	ى	ن	ة	د	م	ن	ا	ا	ب	ب
ئ	ع	ي	ا	س	إ	ص	و	ف	س	ا	ذ	ي	ض
ك	ذ	ر	ؤ	ؤ	ظ	ط	ء	ا	ط	ل	ن	ت	ر
م	آ	ض	ط	ش	غ	ل	ل	ج	ت	ل	ب	ا	ح
ى	ك	ض	غ	ؤ	م	ط	ب	أ	ق	ط	ؤ	ب	ط
ق	م	غ	ض	ب	ت	ص	ى	ة	ذ	ف	ي	ج	ى
ش	ا	ك	ر	ى	ح	ص	ي	س	ة	ح	آ	د	ز
م	ل	ل	ت	خ	م	و	ب	ؤ	ي	ؤ	ث	آ	ت
ط	ن	ك	ئ	ع	س	و	ث	د	ض	ة	ج	ع	ت
ص	ة	ط	ظ	ؤ	ش	م	ل	ث	ة	ل	ف	و	إ

ملل
شاكر
مرح
حب
محرج
النعيم
اللطف
هدوء
محتوى
متحمس

غضب
خوف
سلام
راض
ميل
مفاجأة
حنان
الهدوء
حزن

95 - Mediciones

س	ع	ا	ل	ص	و	ت	ب	و	ص	ة	ص	ن	ف
إ	ن	ش	ل	ش	غ	ر	ا	م	أ	ز	ح	ق	ى
ت	ل	ت	ر	ط	ن	ك	ي	ل	و	غ	ر	ا	م
ن	آ	ل	ي	ي	و	غ	ت	و	ق	خ	ج	ن	ت
ة	ض	ز	ح	م	ؤ	ل	م	ز	ي	س	ب	ر	ر
ح	ط	ث	ب	غ	ت	د	ب	ن	ة	د	ئ	ع	آ
د	ق	ي	ق	ة	ا	ر	ت	ف	ا	ع	ن	م	و
ر	ؤ	ك	ؤ	ؤ	خ	ج	ت	ق	ة	ر	ا	ق	إ
ق	ل	ت	ف	م	خ	ة	ث	ث	ب	ض	و	ذ	ؤ
ك	ي	ل	و	م	ت	ر	ح	و	ظ	م	ب	ق	ص
ص	د	ة	ع	ئ	ت	ش	و	ؤ	ش	د	ي	و	ؤ
ظ	ك	د	آ	ؤ	ك	ح	س	ذ	ة	خ	ف	م	ض
ش	ت	ظ	ع	ب	ئ	ى	خ	ة	ر	غ	خ	م	ب
ر	ذ	ر	ق	ن	ى	إ	ؤ	ي	آ	ق	ش	ش	إ

ارتفاع
عرض
بايت
سنتيمتر
عشري
درجة
غرام
كيلوغرام
كيلومتر
لتر

الطول
كتلة
متر
دقيقة
أوقية
وزن
عمق
بوصة
طن
الصوت

96 - Barcos

ظ	إ	ة	ر	غ	و	ئ	ح	آ	د	ئ	ل	ا	ئ
خ	ق	ئ	ب	ح	ر	ى	ى	ذ	ض	ف	ظ	ن	ز
س	ذ	ض	ن	ح	ظ	ث	س	ر	ف	د	إ	خ	ص
ا	ل	م	د	ك	ي	خ	ت	ت	ص	ت	ث	ي	ذ
ر	آ	ح	ك	ط	م	ر	ك	ب	ش	ر	ا	ع	ي
ي	ظ	ر	د	ى	ر	أ	ة	ة	ك	ة	ل	ا	د
ة	ب	ك	ش	ة	س	ت	م	إ	ذ	ج	ع	د	ت
ى	ر	ن	ب	ؤ	ا	ى	ط	و	ف	آ	ب	م	ث
ك	و	ش	ن	ط	ة	ت	ع	ك	ا	ي	ا	ك	ا
ج	و	ى	ه	ا	ل	ز	و	ر	ق	ج	ر	ع	ظ
ب	ح	ا	ر	ي	آ	ئ	ا	م	ن	ح	ة	ط	ث
ح	ر	ب	م	و	ص	ح	م	ح	ي	ط	ا	ق	م
ر	ا	ذ	ل	ع	س	س	ة	ا	د	ن	ق	غ	ط
ي	ق	ص	د	إ	ك	ق	ز	ؤ	ت	ع	إ	ن	و

مرساة
طوف
عوامة
الزورق
حبل
العبارة
كاياك
بحيرة
بحر
المد

بحار
سارية
محرك
بحري
محيط
أمواج
نهر
طاقم
مركب شراعي
يخت

97 - Antártida

م	ح	ق	آ	س	ي	ا	د	ا	ص	ش	ظ	ي	س
ث	ؤ	غ	ا	ج	ق	ل	ر	ل	خ	ب	ج	ق	ش
ص	خ	ر	ي	ر	ق	ب	ج	ط	ؤ	ه	ل	ث	ث
ج	ل	ي	د	ف	ة	ع	ة	ي	ج	ج	ر	ق	خ
ط	ي	ذ	ف	د	ع	ث	ا	و	ح	ز	ي	د	ب
س	ج	غ	م	ق	ب	ة	ل	ر	ض	ي	ل	ب	د
ج	ح	ث	ي	ش	ق	و	ح	ى	غ	ر	ض	ق	ن
غ	ا	ا	ل	ب	ط	ا	ر	ي	ق	ة	ك	و	ف
ر	ل	ا	ب	م	ا	ء	ا	ه	ج	ر	ة	ر	س
ا	ح	ع	ل	م	ي	غ	ر	ذ	ؤ	ش	ئ	ا	ئ
ف	ف	ك	ل	ج	ت	ر	ة	ي	ج	ت	ئ	ؤ	ى
ي	ظ	م	ص	س	ز	ز	ا	ل	م	ع	ا	د	ن
ة	ؤ	ظ	ي	ر	ئ	ر	ص	ذ	ب	ا	ح	ث	ة
ة	خ	ل	ط	ب	و	غ	ر	ا	ف	ي	ا	ؤ	آ

الجزر
هجرة
المعادن
سحاب
الطيور
شبه جزيرة
البطاريق
صخري
درجة الحرارة
طبوغرافيا

ماء
خليج
علمي
الحفظ
قارة
كوف
البعثة
جغرافية
جليد
باحث

98 - Piratas

ص	ش	ؤ	ن	ف	ن	ز	ح	ك	ه	ف	ئ	ا	ن
ذ	ع	م	ل	ا	ت	م	ع	د	ن	ي	ة	ش	م
ط	م	ا	ع	و	ذ	ن	ك	و	ي	ز	ج	ا	ن
ل	ط	ن	ج	ت	ز	ه	ا	ر	أ	ك	آ	ط	ن
ت	ب	إ	د	ى	ن	د	ب	ة	س	ج	ظ	ئ	ى
ض	ظ	ح	ص	ذ	ب	م	ت	م	ط	ز	ز	ئ	ت
م	آ	ل	ف	ئ	ش	د	ن	ظ	و	ي	ز	ل	ت
ط	ر	ع	ل	م	ك	ش	ذ	ط	ر	ر	م	س	ف
ة	ع	خ	ط	ر	ئ	ش	ذ	ل	ة	ة	غ	ر	ع
ع	ك	ر	ؤ	س	ي	ف	د	ب	ب	غ	ا	ء	ظ
س	ز	ي	ل	ا	ي	ن	غ	و	ث	ض	م	ظ	ى
ا	ة	ط	غ	ة	ئ	ء	ذ	ص	آ	ظ	ر	ئ	ث
ط	ئ	ة	آ	ت	ع	س	ظ	ل	ك	ى	ة	ح	د
ط	ا	ق	م	إ	ر	ص	ث	ة	م	ب	ت	م	ن

ببغاء
سيء
خريطة
عملات معدنية
ذهب
خطر
شاطئ
رم
كنز
طاقم

مرساة
مغامرة
علم
بوصلة
كابتن
ندبة
كهف
سيف
جزيرة
أسطورة

99 - Mamíferos

ح	ا	ن	ا	ص	ح	ؤ	ض	ة	إ	ك	م	آ	ا
م	ب	ع	ج	م	م	ل	م	ح	ت	ي	ر	ص	ر
ا	ج	خ	ا	ل	ي	ر	و	غ	ذ	ش	ب	ث	ح
ر	م	ر	ل	خ	ف	ت	آ	س	ئ	ع	ك	ث	ق
و	ل	و	ف	ض	ظ	ئ	ف	ئ	ب	ى	ل	و	ذ
ح	ن	ف	ي	ش	س	ك	ط	ق	ا	ن	ب	ر	ئ
ش	و	و	ل	ع	ح	ب	خ	م	ل	ل	ا	ث	ب
ي	غ	ك	ن	ي	ف	ل	و	د	ب	خ	ض	آ	ة
م	ز	س	د	س	ص	ة	ف	ا	ر	ز	آ	ي	ط
ك	ب	ك	ي	غ	ر	ع	س	ح	ا	ك	ت	و	ئ
ظ	ن	أ	ق	ع	و	ر	ت	ى	ر	ز	ث	ف	ئ
غ	ح	ر	ب	ئ	ع	ن	ا	ش	ي	غ	ذ	ش	ت
ر	د	ن	خ	ب	ل	ذ	إ	ز	ن	ض	م	و	ط
ة	خ	ب	ب	ظ	ح	س	خ	ت	ر	غ	ن	ك	إ

قط
غوريلا
زرافة
ذئب
قرد
يتحمل
خروف
كلب
ثور
فوكس

حوت
حمار
حصان
جمل
كنغر
حمار وحشي
أرنب
ذئب البراري
دولفين
الفيل

100 - Abejas

ا	ش	ث	إ	ة	ك	غ	خ	غ	ح	ي	ز	ق	ت
خ	ل	ي	ة	م	ف	ي	د	ح	ش	م	س	د	ى
ن	ز	ن	ظ	ض	خ	ل	ع	خ	ر	د	ح	ح	و
ث	ب	ف	ظ	س	ر	ب	ح	ق	ة	ا	أ	ف	ر
س	م	ا	ز	ا	ع	س	ل	ق	ا	ح	ج	ؤ	ذ
ح	ذ	ك	ت	ض	م	ل	ك	ة	و	آ	ن	م	ا
د	ش	ه	د	ا	ث	ا	س	آ	د	د	ح	د	ل
ي	م	ة	ة	ا	ت	ح	ل	ل	ذ	ي	ة	خ	م
ق	ع	ع	ئ	ل	ظ	ط	ر	ب	ب	ف	ظ	ا	ل
ة	ض	ؤ	ز	ز	ت	ى	ع	ش	ي	و	ت	ن	ق
ت	ن	و	ع	ه	م	ي	س	ا	ت	ئ	ن	ك	ح
ح	ح	ج	و	و	ض	ر	خ	ح	م	ئ	ي	ا	ا
ز	ه	ر	ذ	ر	س	خ	إ	د	ر	ق	ي	س	ت
ى	ذ	ت	آ	ح	ث	ص	ل	ح	ز	ص	ض	ي	ذ

أجنحة
مفيد
شمع
خلية
طعام
تنوع
النظام البيئي
سرب
زهر
الزهور

فاكهة
دخان
حشرة
حديقة
عسل
نباتات
لقاح
الملقحات
ملكة
شمس

1 - Ajedrez

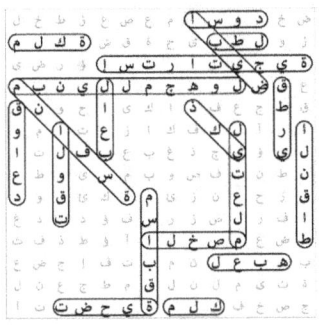

2 - Agua

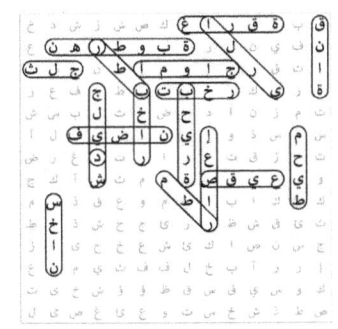

3 - Granja #2

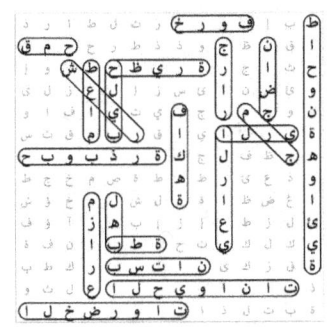

4 - Mueble

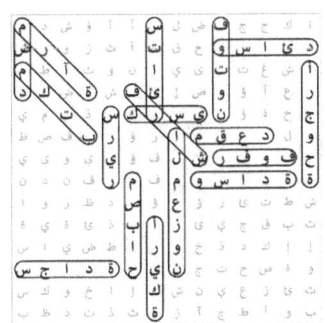

5 - Pesca

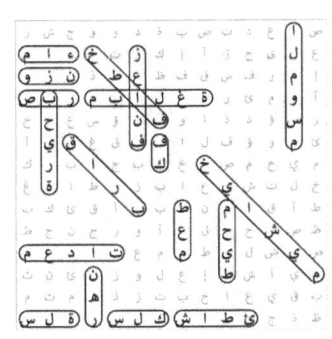

6 - Aviones

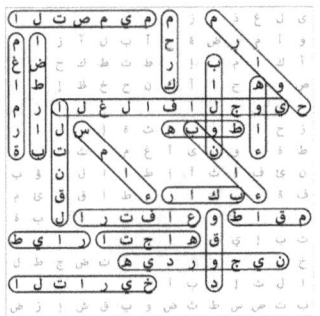

7 - Tipos de Cabello

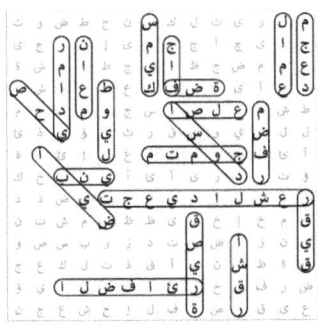

8 - Ciencia Ficción

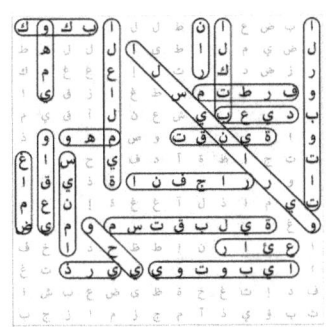

9 - Juguetes

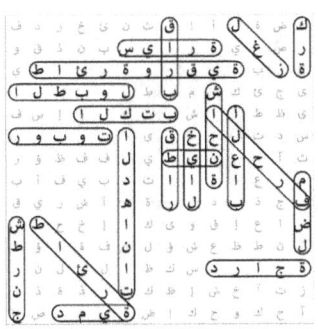

10 - Circo

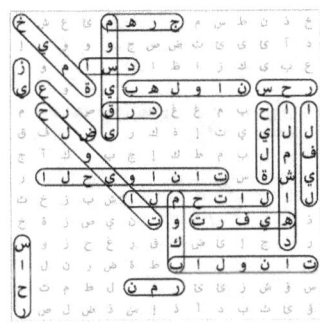

11 - Rellenar

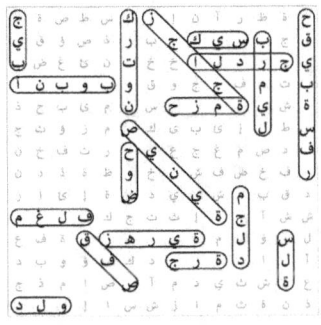

12 - Granja #1

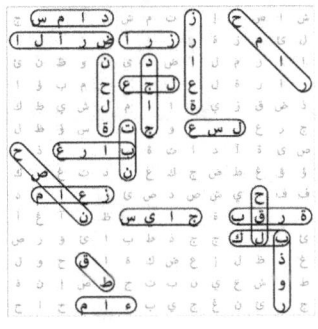

13 - Camping

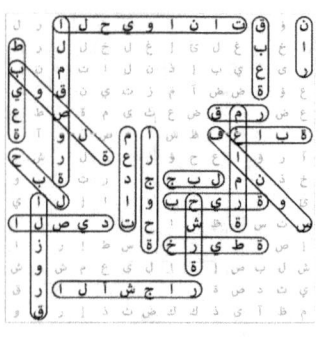

14 - Fruta

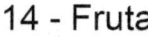

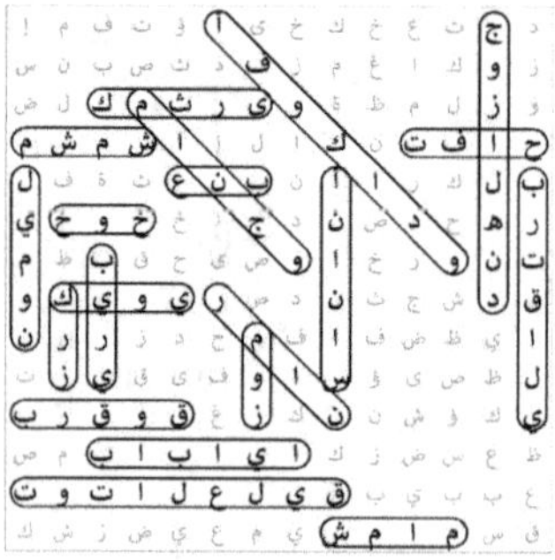

15 - Geología

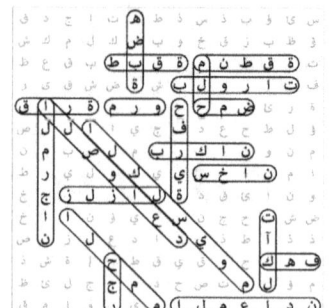

16 - Plantas

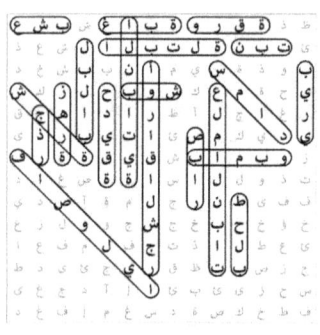

17 - Suministros de Arte

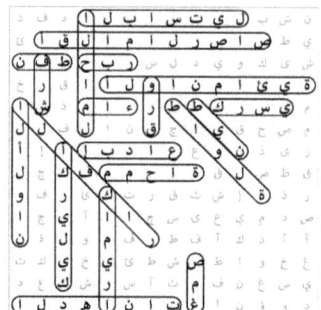

18 - Jardín

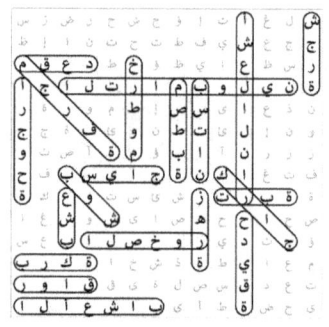

19 - Países #2

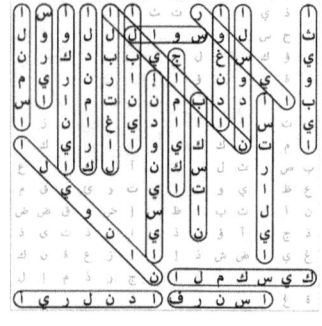

20 - Tecnología

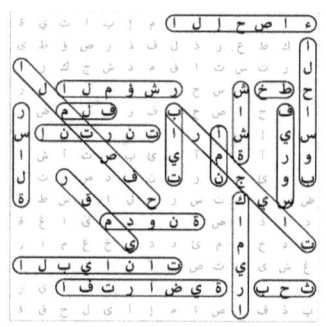

21 - Números

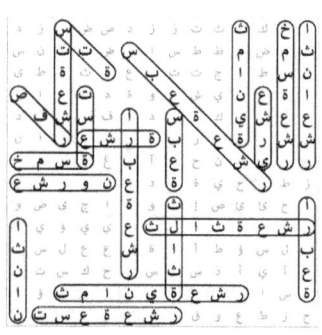

22 - Mitología

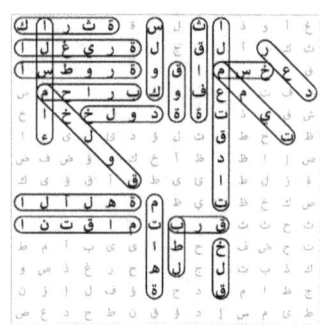

23 - Ecología

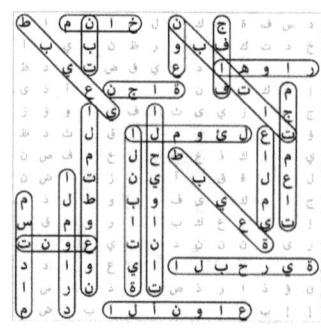

24 - Casa

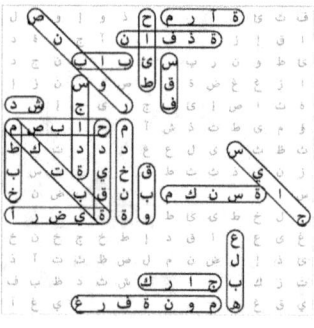

25 - Artes Visuales

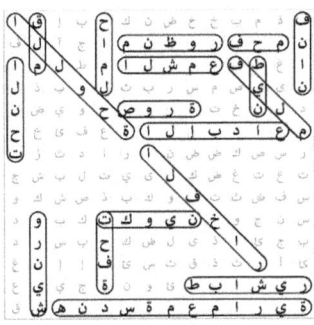

26 - Escuela #2

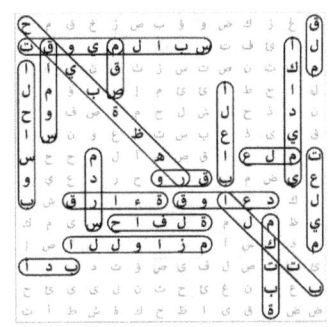

27 - Selva Tropical

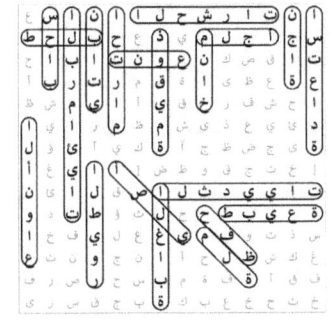

28 - Colores

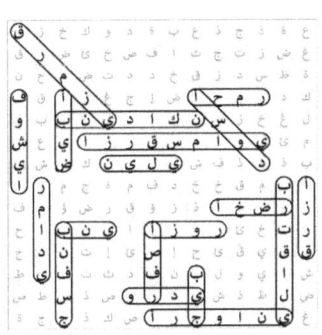

29 - Adjetivos #1

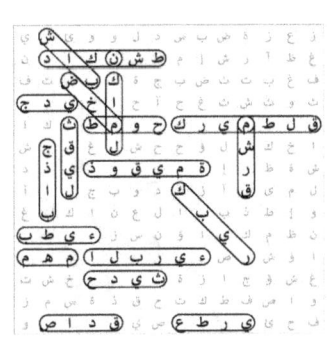

30 - Familia

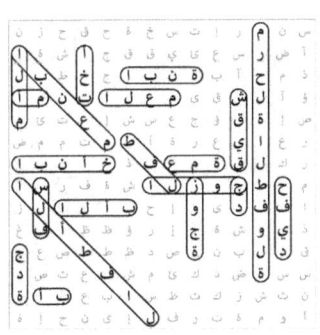

31 - Disciplinas Científicas

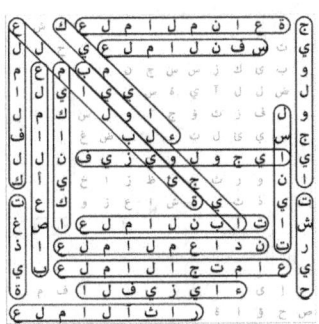

32 - Gatos

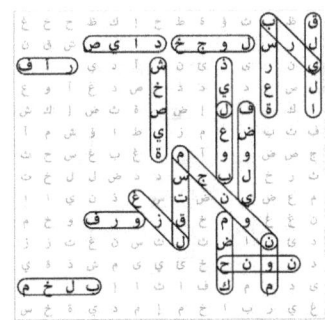

33 - Cocina

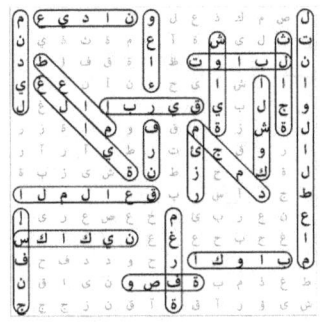

34 - Escuela #1

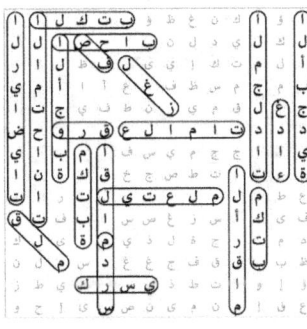

35 - Adjetivos #2

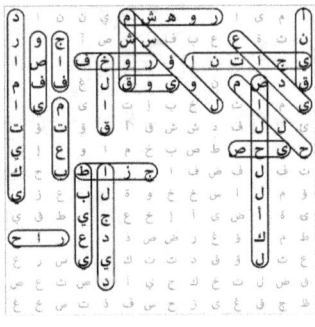

36 - Cuerpo Humano

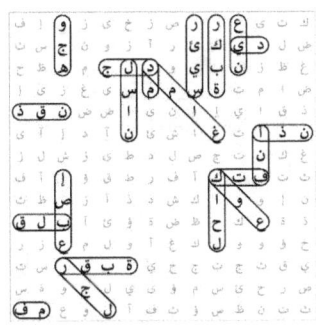

37 - Ciencia

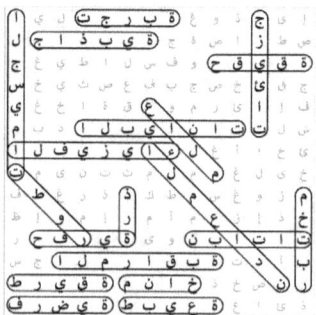

38 - Dinosaurios

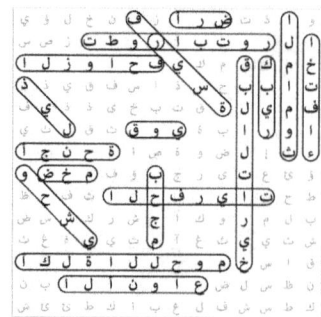

39 - Restaurante #2

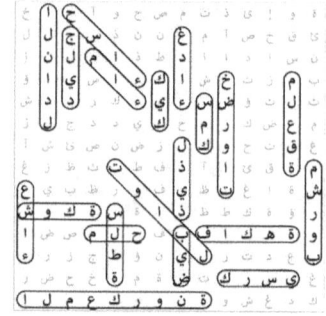

40 - Profesiones #1

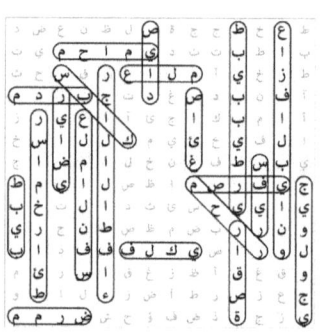

41 - Vehículos

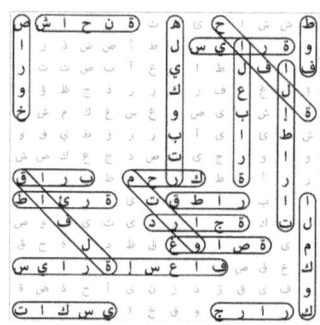

42 - Vacaciones #2

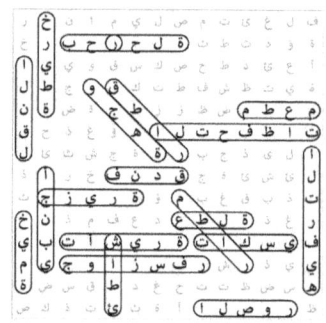

43 - Cumpleaños

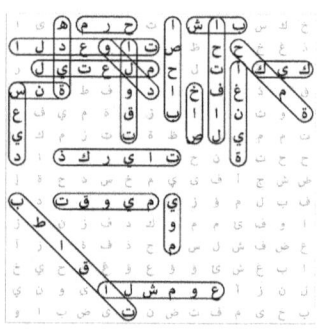

44 - Baile

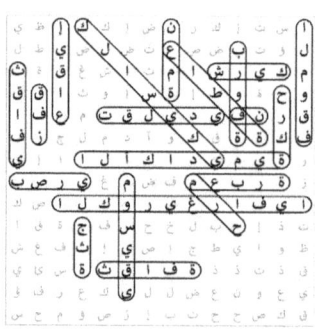

45 - Matemáticas

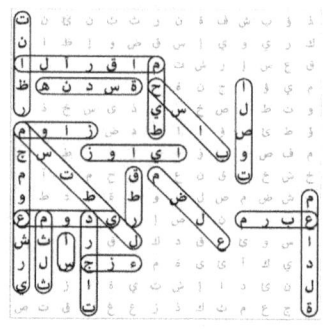

46 - Restaurante #1

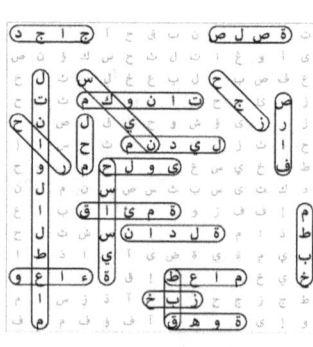

47 - Profesiones #2

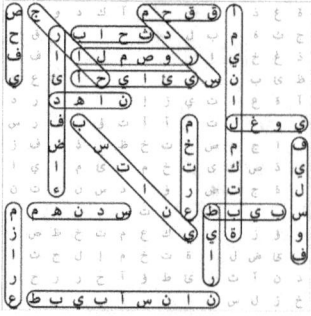

48 - Senderismo

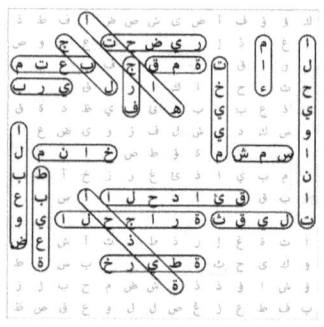

49 - Naturaleza

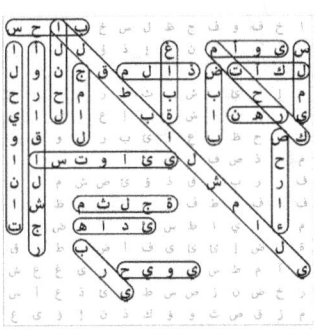

50 - Conduciendo

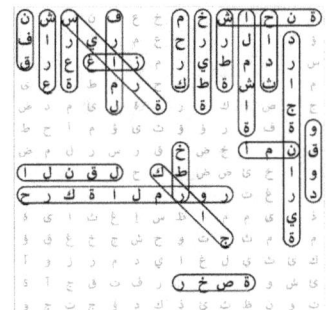

51 - Ballet

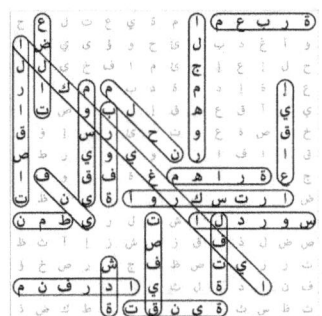

52 - Aventura

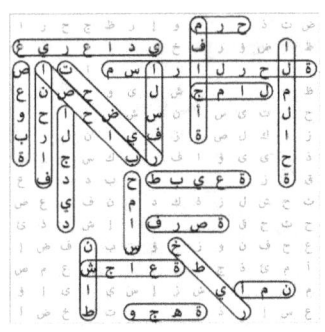

53 - Pájaros

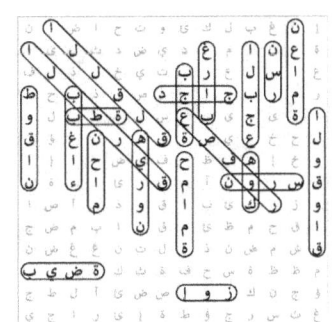

54 - Playa

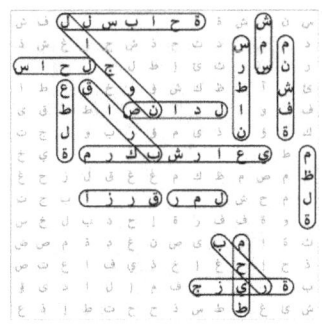

55 - Surf

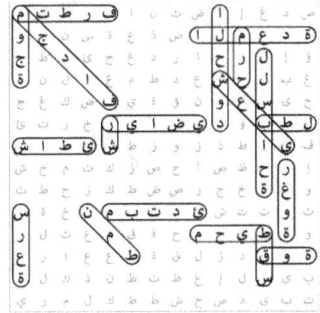

56 - Geografía

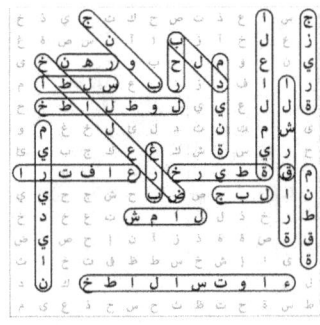

57 - Deportes

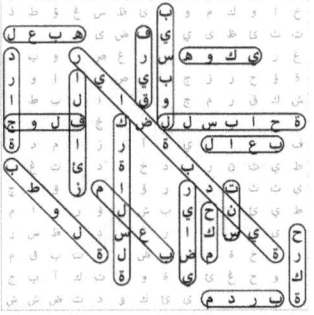

58 - Actividades

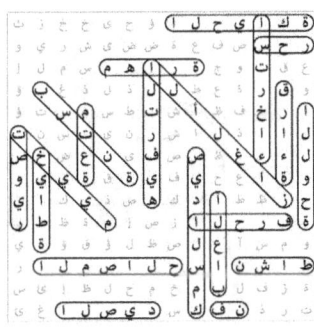

59 - Verduras

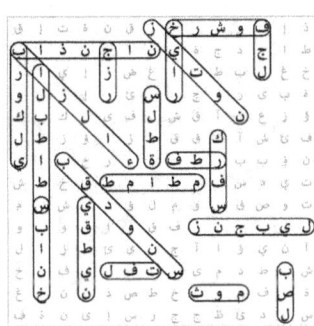

60 - Instrumentos Musicales

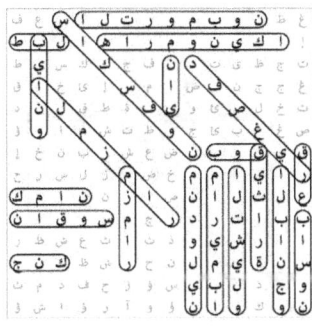

61 - Mascotas

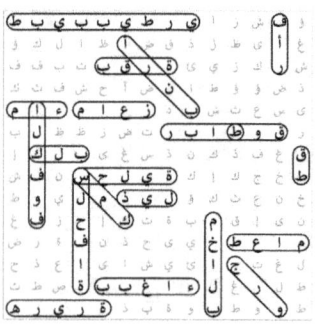

62 - Formas

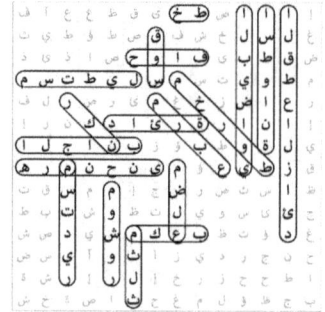

63 - Flores

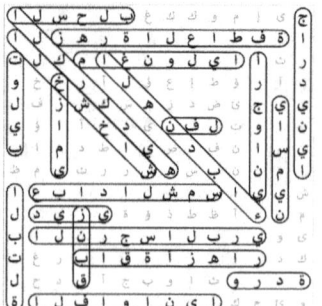

64 - Astronomía

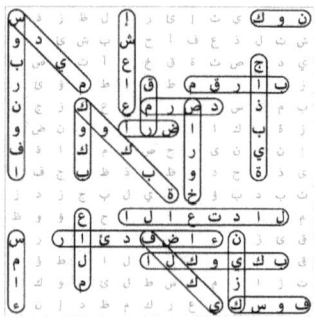

65 - Tiempo

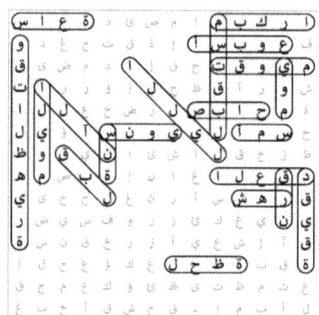

66 - Paisajes

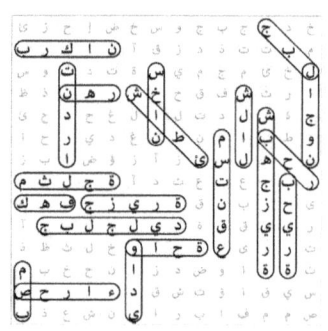

67 - Días y Meses

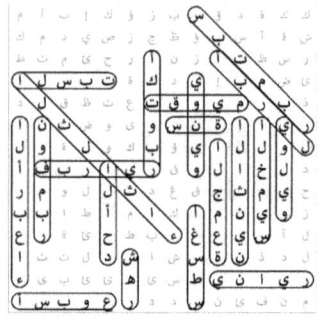

68 - Chocolate

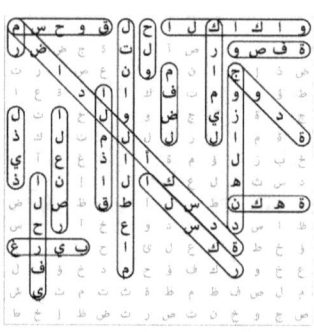

69 - Barbacoas

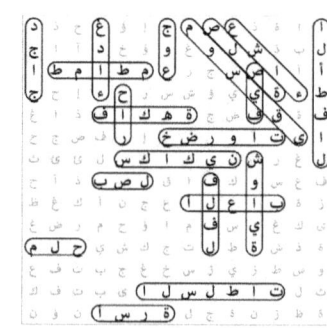

70 - Ropa

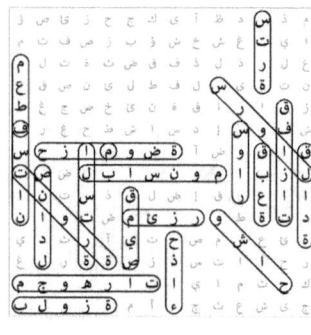

71 - Meditación

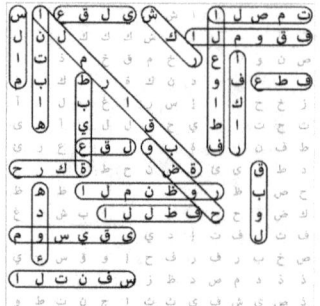

72 - Comedia

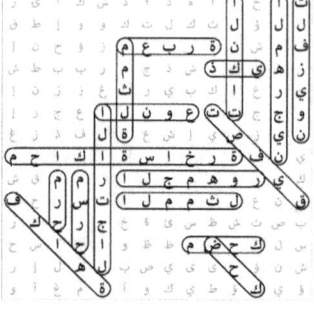

73 - Libros

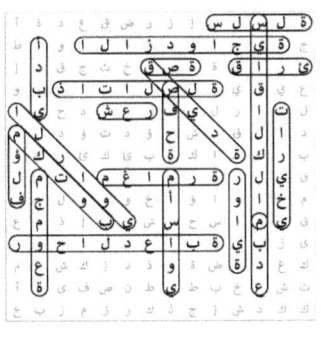

74 - Nutrición

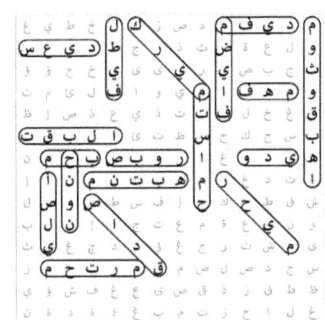

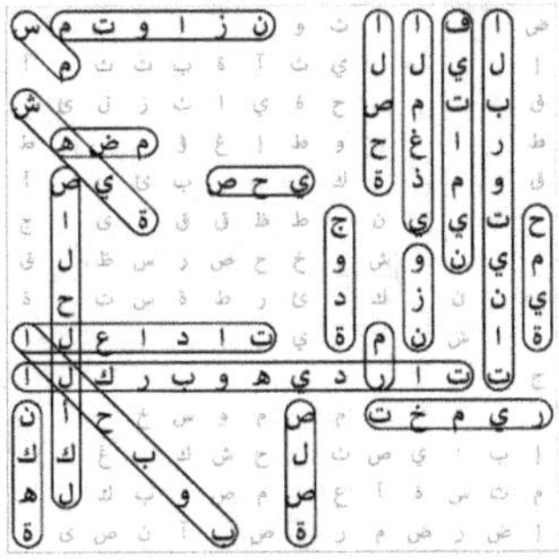

75 - Bondad

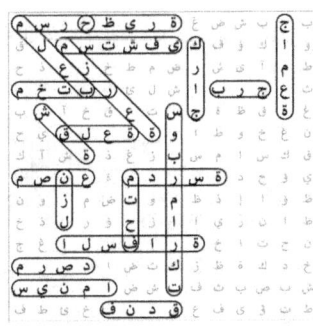

76 - Edificios

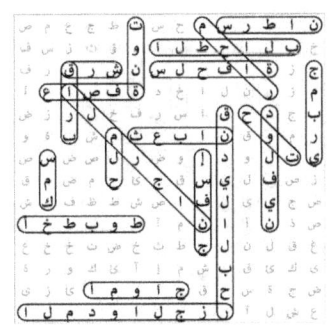

77 - Océano

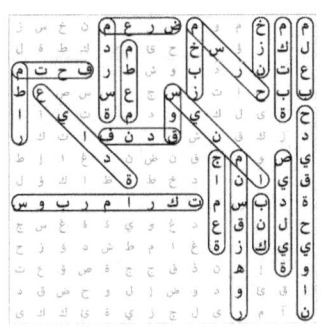

78 - Ciudad

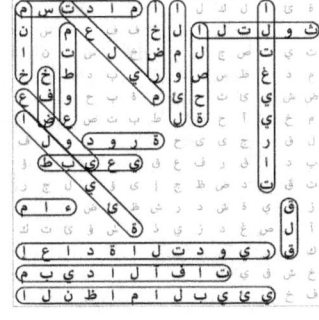

79 - Conservación

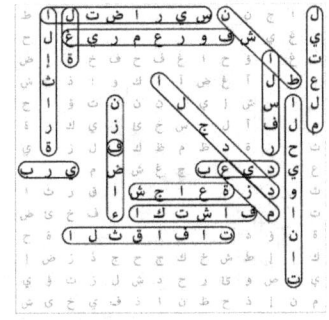

80 - Exploración

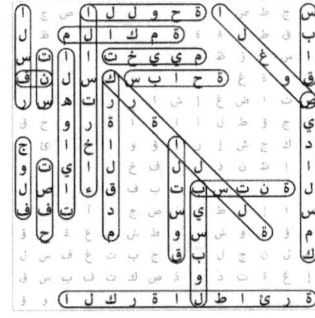

81 - Actividades y Ocio

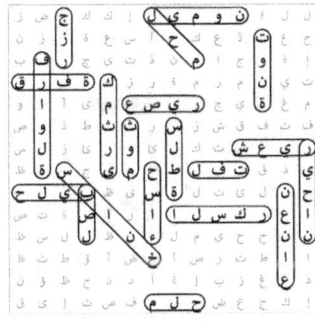

82 - Comida #1

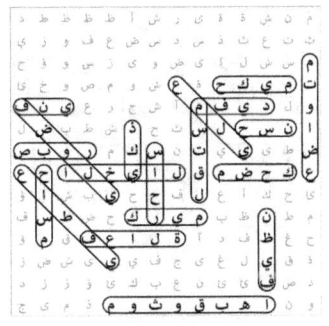

83 - Virtudes #1

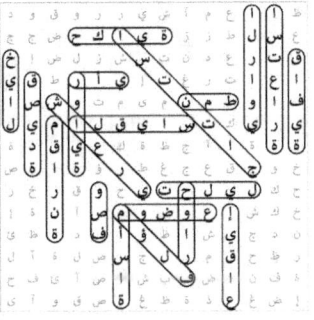

84 - Literatura

85 - Baño

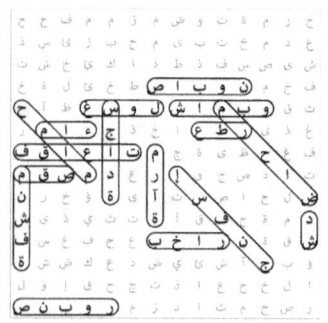

86 - Clima

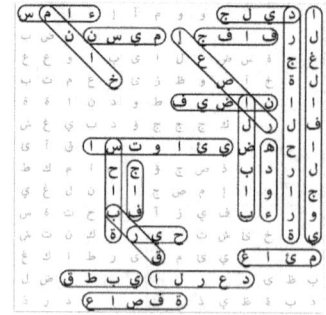

87 - Comida #2

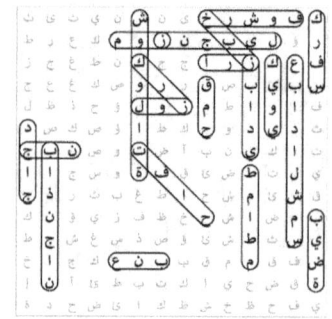

88 - Castillos

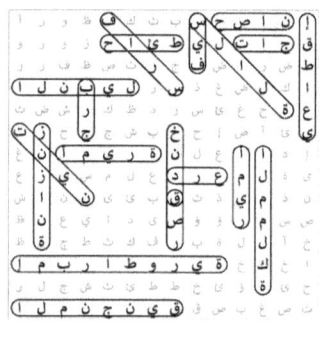

89 - Arte

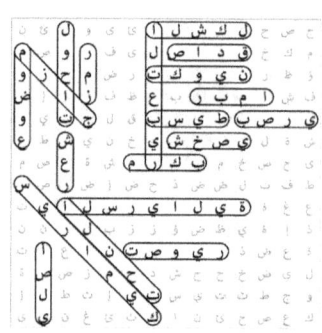

90 - Herboristería

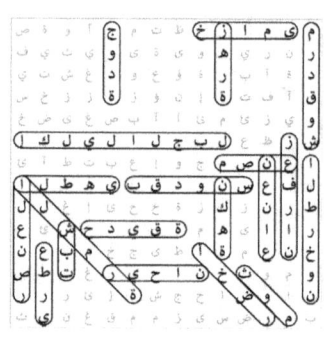

91 - Verano

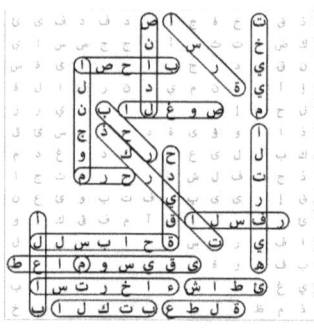

92 - Insectos

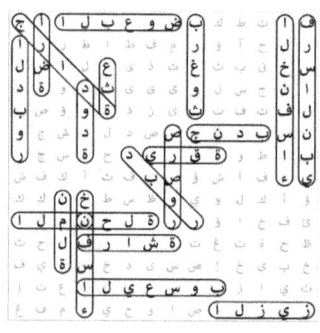

93 - Especias

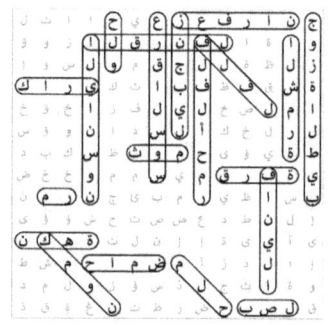

94 - Emociones

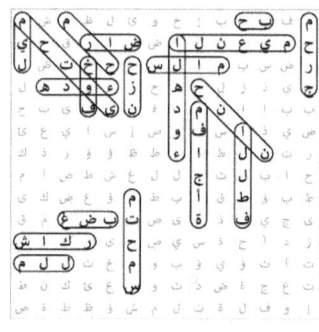

95 - Mediciones

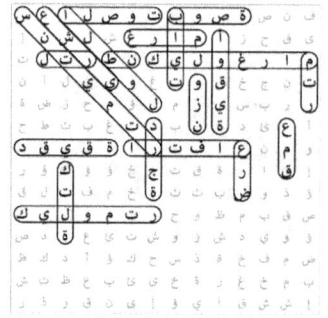

96 - Barcos

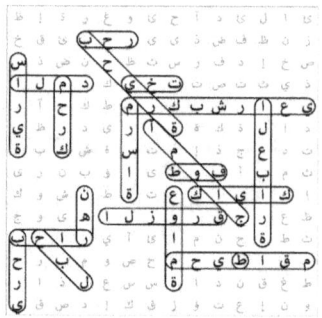

97 - Antártida

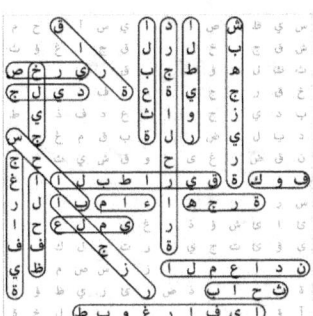

98 - Piratas

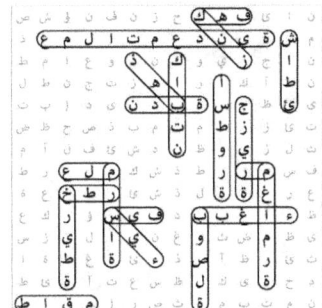

99 - Mamíferos

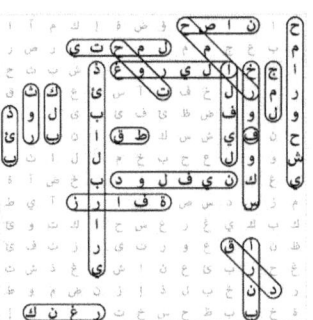

100 - Abejas

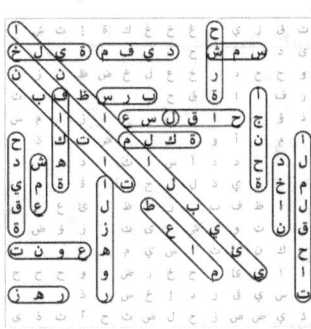

Diccionario

Abejas
النحل

Alas	أجنحة
Beneficioso	مفيد
Cera	شمع
Colmena	خلية
Comida	طعام
Diversidad	تنوع
Ecosistema	النظام البيئي
Enjambre	سرب
Flor	زهر
Flores	الزهور
Fruta	فاكهة
Humo	دخان
Insecto	حشرة
Jardín	حديقة
Miel	عسل
Plantas	نباتات
Polen	لقاح
Polinizador	الملقحات
Reina	ملكة
Sol	شمس

Actividades
الأنشطة

Actividad	نشاط
Arte	فن
Artesanía	الحرف
Camping	تخييم
Caza	الصيد
Costura	خياطة
Fotografía	تصوير
Habilidad	مهارة
Intereses	المصالح
Jardinería	بستنة
Juegos	ألعاب
Lectura	قراءة
Magia	سحر
Ocio	الترفيه
Pesca	صيد السمك
Pintura	اللوحة
Placer	متعة
Relajación	استرخاء
Rompecabezas	الألغاز
Tejer	الحياكة

Actividades y Ocio
الأنشطة والترفيه

Aficiones	الهوايات
Arte	فن
Baloncesto	كرة السلة
Béisbol	بيسبول
Boxeo	ملاكمة
Buceo	الغوص
Camping	تخييم
Carreras	سباق
Compras	التسوق
Fútbol	كرة القدم
Golf	جولف
Jardinería	بستنة
Natación	سباحة
Pesca	صيد السمك
Pintura	اللوحة
Relajante	الاسترخاء
Surf	تصفح
Tenis	تنس
Viaje	السفر
Voleibol	الكرة الطائرة

Adjetivos #1
الصفات #1

Absoluto	مطلق
Activo	نشط
Ambicioso	طموح
Aromático	عطري
Atractivo	جذاب
Brillante	مشرق
Enorme	ضخم
Generoso	كريم
Grande	كبير
Honesto	صادق
Importante	مهم
Inocente	البريء
Joven	شاب
Lento	بطيء
Moderno	حديث
Oscuro	داكن
Perfecto	كامل
Pesado	ثقيل
Serio	جدي
Valioso	ذو قيمة

Adjetivos #2
الصفات #2

Cansado	متعب
Comestible	صالح للأكل
Creativo	خلاق
Descriptivo	وصفي
Dramático	دراماتيكي
Elegante	أنيق
Famoso	مشهور
Fresco	طازج
Fuerte	قوي
Interesante	مشوق
Natural	طبيعي
Normal	عادي
Nuevo	الجديد
Orgulloso	فخور
Picante	حار
Productivo	إنتاجي
Responsable	مسؤول
Salado	مالح
Saludable	صحي
Seco	جاف

Agua
الماء

Canal	قناة
Ducha	دش
Empapado	غارقة
Evaporación	تبخر
Géiser	سخان
Helada	صقيع
Hielo	جليد
Humedad	رطوبة
Huracán	إعصار
Húmedo	رطب
Inundación	فيضان
Lago	بحيرة
Lluvia	مطر
Nieve	ثلج
Océano	محيط
Olas	أمواج
Riego	الري
Río	نهر
Vapor	بخار

Ajedrez
شطرنج

Aprender	يتعلم
Blanco	أبيض
Campeón	بطل
Concurso	منافسة
Diagonal	قطري
Estrategia	إستراتيجية
Inteligente	ذكي
Juego	لعبة
Jugador	لاعب
Negro	أسود
Oponente	الخصم
Pasivo	مبني للمجهول
Puntos	النقاط
Reglas	قواعد
Reina	ملكة
Rey	ملك
Sacrificio	تضحية
Tiempo	الوقت
Torneo	مسابقة

Antártida
القارة القطبية الجنوبية

Agua	ماء
Bahía	خليج
Científico	علمي
Conservación	الحفظ
Continente	قارة
Ensenada	كوف
Expedición	البعثة
Geografía	جغرافية
Hielo	جليد
Investigador	باحث
Islas	الجزر
Migración	هجرة
Minerales	المعادن
Nubes	سحاب
Pájaros	الطيور
Península	شبه جزيرة
Pingüinos	البطاريق
Rocoso	صخري
Temperatura	درجة الحرارة
Topografía	طبوغرافيا

Arte
الفن

Cerámica	سيراميك
Complejo	مركب
Composición	تكوين
Escultura	النحت
Expresión	التعبير
Figura	الشكل
Honesto	صادق
Humor	مزاج
Inspirado	ربما
Original	أصلي
Personal	شخصي
Pinturas	لوحات
Poesía	شعر
Retratar	تصوير
Sencillo	بسيط
Símbolo	رمز
Surrealismo	السريالية
Tema	موضوع
Visual	بصري

Artes Visuales
الفنون البصرية

Arcilla	طين
Arquitectura	هندسة معمارية
Artista	فنان
Barniz	ورنيش
Caballete	حامل
Carbón	فحم
Cera	الشمع
Cerámica	الفخار
Composición	تكوين
Creatividad	الإبداع
Escultura	النحت
Lápiz	قلم
Obra Maestra	تحفة
Película	فيلم
Perspectiva	منظور
Pintura	اللوحة
Retrato	صورة
Tiza	طباشير

Astronomía
علم الفلك

Asteroide	الكويكب
Astronauta	رائد فضاء
Astrónomo	فلكي
Cielo	سماء
Cohete	صاروخ
Constelación	كوكبة
Cosmos	عالم
Eclipse	كسوف
Equinoccio	الاعتدال
Gravedad	جاذبية
Luna	قمر
Meteoro	نيزك
Nebulosa	سديم
Observatorio	مرصد
Planeta	كوكب
Radiación	إشعاع
Supernova	سوبرنوفا
Telescopio	مقراب
Tierra	أرض
Universo	كون

Aventura
مغامرة

Actividad	نشاط
Alegría	مرح
Amigos	اصحاب
Belleza	جمال
Destino	وجهة
Dificultad	صعوبة
Entusiasmo	حماس
Excursión	انحراف
Inusual	غير عادي
Itinerario	مسار الرحلة
Naturaleza	طبيعة
Navegación	الملاحة
Nuevo	الجديد
Oportunidad	فرصة
Peligroso	خطير
Preparación	تحضير
Seguridad	أمن
Sorprendente	مفاجأة
Valentía	شجاعة
Viajes	السفر

Aviones
الطائرات

Aire	ءاوه
Altura	ارتفاع
Aterrizaje	طوبه
Atmósfera	الغلاف الجوي
Aventura	ةرماغم
Cielo	ءامس
Combustible	دوقو
Construcción	ءانب
Dirección	اتجاه
Diseño	التصميم
Globo	بالون
Hélices	حوارم
Hidrógeno	هيدروجين
Historia	التاريخ
Motor	كرحم
Navegar	التنقل
Pasajero	راكب
Piloto	طيار
Tripulación	مقاط
Turbulencia	اضطراب

Baile
الرقص

Academia	الأكاديمية
Alegre	حرم
Arte	فن
Clásico	كلاسيكي
Coreografía	الكوريغرافيا
Cuerpo	جثة
Cultura	ثقافة
Cultural	ثقافي
Emoción	عاطفة
Ensayo	بروفة
Expresivo	معبرة
Gracia	نعمة
Movimiento	حركة
Música	موسيقى
Postura	الموقف
Ritmo	إيقاع
Saltar	قفز
Socio	شريك
Tradicional	تقليدي
Visual	بصري

Ballet
باليه

Aplauso	تصفيق
Artístico	فني
Audiencia	الجمهور
Bailarines	الراقصات
Compositor	ملحن
Coreografía	الكوريغرافيا
Ensayo	بروفة
Estilo	طمن
Expresivo	معبرة
Gesto	لفتة
Habilidad	مهارة
Intensidad	شدة
Lecciones	الدروس
Músculos	عضلات
Música	موسيقى
Orquesta	أوركسترا
Ritmo	إيقاع
Solo	منفرد
Técnica	تقنية

Baño
حمام

Agua	ءام
Alfombra	سجادة
Aseo	مرحاض
Baño	حمام
Burbujas	فقاعات
Champú	وبماش
Ducha	دش
Espejo	مرآة
Esponja	إسفنج
Grifo	صنبور
Jabón	صابون
Loción	غسول
Perfume	عطر
Tijeras	مقص
Toalla	منشفة
Vapor	بخار

Barbacoas
حفلات الشواء

Almuerzo	ءادغ
Caliente	حار
Cebollas	بصل
Cena	عشاء
Cuchillos	سكاكين
Ensaladas	السلطات
Familia	أسرة
Fruta	فاكهة
Hambre	جوع
Juegos	ألعاب
Música	موسيقى
Niños	الأطفال
Parrilla	شواية
Pimienta	فلفل
Pollo	دجاج
Sal	ملح
Salsa	صلصة
Tomates	طماطم
Verano	صيف
Verduras	خضروات

Barcos
القوارب

Ancla	ةاسرم
Balsa	طوف
Boya	عوامة
Canoa	قزورال
Cuerda	حبل
Ferry	العبارة
Kayak	كاياك
Lago	بحيرة
Mar	رحب
Marea	المد
Marinero	بحار
Mástil	سارية
Motor	كرحم
Náutico	بحري
Océano	طيحم
Olas	أمواج
Río	رهن
Tripulación	مقاط
Velero	مركب شراعي
Yate	يخت

Bondad
اللطف

Afectuoso	حنون
Amistoso	ودي
Amoroso	محب
Atento	منتبه
Compasivo	رحيم
Comprensión	فهم
Feliz	سعيد
Fiable	موثوق بها
Generoso	كريم
Genuino	أصلي
Honesto	صادق
Hospitalario	مضياف
Paciente	صبور
Receptivo	تقبلا
Respetuoso	محترم
Suave	لطيف
Tolerante	متسامح
Útil	مفيد

Camping
عسكرة

Animales	الحيوانات
Aventura	مغامرة
Árboles	الأشجار
Bosque	غابة
Brújula	بوصلة
Cabina	المقصورة
Canoa	الزورق
Caza	الصيد
Cuerda	حبل
Equipo	معدات
Fuego	نار
Hamaca	أرجوحة
Insecto	حشرة
Lago	بحيرة
Linterna	فانوس
Luna	قمر
Mapa	خريطة
Montaña	جبل
Naturaleza	طبيعة
Sombrero	قبعة

Casa
منزل

Alfombra	سجادة
Ático	علية
Biblioteca	مكتبة
Chimenea	مدخنة
Cocina	مطبخ
Dormitorio	غرفة نوم
Ducha	دش
Escoba	مكنسة
Espejo	مرآة
Garaje	كراج
Grifo	صنبور
Jardín	حديقة
Lámpara	مصباح
Pared	حائط
Piso	أرضية
Puerta	باب
Sótano	قبو
Techo	سقف
Valla	سياج
Ventana	نافذة

Castillos
القلاع

Armadura	درع
Caballero	فارس
Caballo	حصان
Catapulta	المنجنيق
Corona	تاج
Dinastía	سلالة
Dragón	تنين
Espada	سيف
Feudal	إقطاعي
Foso	خندق
Imperio	إمبراطورية
Mazmorra	زنزانة
Noble	النبيل
Palacio	قصر
Pared	حائط
Princesa	أميرة
Príncipe	أمير
Reino	المملكة
Torre	برج

Chocolate
شوكولاتة

Amargo	مر
Antioxidante	مضاد للأكسدة
Artesanal	الحرفي
Azúcar	السكر
Cacao	الكاكاو
Calidad	جودة
Caramelo	كراميل
Coco	جوز الهند
Comer	لتناول الطعام
Delicioso	لذيذ
Dulce	حلو
Exótico	غريب
Favorito	مفضل
Gusto	المذاق
Ingrediente	العنصر
Polvo	مسحوق
Receta	وصفة
Sabor	نكهة

Ciencia
العلوم

Átomo	ذرة
Científico	عالم
Clima	مناخ
Datos	البيانات
Evolución	تطور
Experimento	تجربة
Física	الفيزياء
Fósil	حفرية
Gravedad	جاذبية
Hecho	حقيقة
Hipótesis	فرضية
Laboratorio	مختبر
Método	طريقة
Minerales	المعادن
Moléculas	جزيئات
Naturaleza	طبيعة
Observación	المراقبة
Partículas	الجسيمات
Plantas	نباتات

Ciencia Ficción
الخيال العلمي

Atómico	ذري
Cine	سينما
Distante	بعيد
Escenario	السيناريو
Explosión	انفجار
Extremo	متطرف
Fantástico	رائع
Fuego	نار
Futurista	مستقبلية
Ilusión	وهم
Imaginario	وهمي
Libros	الكتب
Misterioso	غامض
Mundo	العالمية
Oráculo	وحي
Planeta	كوكب
Realista	واقعي
Robots	الروبوتات
Tecnología	تقنية
Utopía	يوتوبيا

Circo
سيرك

Acróbata	بهلوان
Animales	الحيوانات
Caramelo	حلويات
Carpa	خيمة
Desfile	موكب
Elefante	الفيل
Entretener	ترفيه
Espectador	المشاهد
Globos	بالونات
León	أسد
Magia	سحر
Mago	ساحر
Malabarista	المحتال
Mono	قرد
Mostrar	عرض
Música	موسيقى
Payaso	مهرج
Tigre	نمر
Traje	زي
Truco	حيلة

Ciudad
مدينة

Aeropuerto	مطار
Banco	بنك
Biblioteca	مكتبة
Cine	سينما
Clínica	عيادة
Escuela	مدرسة
Estadio	ملعب
Farmacia	صيدلية
Florista	منسق زهور
Galería	معرض
Hotel	فندق
Mercado	سوق
Museo	متحف
Panadería	مخبز
Restaurante	مطعم
Supermercado	سوبر ماركت
Teatro	مسرح
Tienda	مخزن
Universidad	جامعة
Zoo	حديقة حيوان

Clima
الطقس

Atmósfera	الغلاف الجوي
Brisa	نسيم
Calma	هدوء
Cielo	سماء
Clima	مناخ
Hielo	جليد
Inundación	فيضان
Niebla	الضباب
Nube	سحابة
Nublado	غائم
Polar	قطبي
Rayo	برق
Seco	جاف
Sequía	جفاف
Temperatura	درجة الحرارة
Tormenta	عاصفة
Tornado	إعصار
Tropical	استوائي
Trueno	الرعد
Viento	ريح

Cocina
مطبخ

Caldera	غلاية
Comer	لتناول الطعام
Comida	طعام
Congelador	مجمد
Cucharas	الملاعق
Cucharón	مغرفة
Cuchillos	سكاكين
Delantal	مئزر
Especias	توابل
Esponja	إسفنج
Horno	فرن
Jarra	إبريق
Palillos	عيدان
Parrilla	شواية
Receta	وصفة
Refrigerador	ثلاجة
Servilleta	منديل
Tazas	أكواب
Tazón	وعاء
Tenedores	الشوك

Colores
الألوان

Amarillo	أصفر
Azul	أزرق
Azur	أزور
Beige	بيج
Blanco	أبيض
Carmesí	قرمزي
Cian	أزرق سماوي
Fucsia	فوشيا
Gris	رمادي
Índigo	نيلي
Marrón	بني
Naranja	برتقالي
Negro	أسود
Púrpura	أرجواني
Rojo	أحمر
Rosa	وردي
Sepia	بني داكن
Verde	أخضر
Violeta	بنفسج

Comedia

كوميديا

Actor	الممثل
Actriz	ممثلة
Aplauso	تصفيق
Audiencia	الجمهور
Chistes	النكات
Diversión	مرح
Expresivo	معبرة
Género	النوع
Gracioso	مضحك
Humor	فكاهة
Improvisación	الارتجال
Inteligente	ذكي
Parodia	محاكاة ساخرة
Payasos	المهرجين
Risa	ضحك
Teatro	مسرح
Televisión	تلفزيون

Comida #1

الغذاء #1

Ajo	ثوم
Albahaca	ريحان
Atún	تونة
Azúcar	السكر
Canela	قرفة
Carne	لحم
Cebada	شعير
Cebolla	بصل
Ensalada	سلطة
Espinacas	سبانخ
Fresa	فراولة
Jugo	عصير
Leche	حليب
Limón	ليمون
Menta	نعناع
Nabo	لفت
Pera	كمثرى
Sal	ملح
Sopa	حساء
Zanahoria	جزر

Comida #2

الغذاء #2

Alcachofa	خرشوف
Almendra	لوز
Apio	كرفس
Arroz	أرز
Berenjena	باذنجان
Cereza	كرز
Chocolate	شوكولاتة
Girasol	عباد الشمس
Huevo	بيضة
Jengibre	زنجبيل
Kiwi	كيوي
Manzana	تفاح
Pan	خبز
Plátano	موز
Pollo	دجاج
Queso	جبن
Tomate	طماطم
Trigo	قمح
Uva	عنب
Yogur	زبادي

Conduciendo

القيادة

Accidente	حادث
Calle	شارع
Camión	شاحنة
Coche	سيارة
Combustible	وقود
Frenos	فرامل
Garaje	كراج
Gas	غاز
Licencia	رخصة
Mapa	خريطة
Motocicleta	دراجة نارية
Motor	محرك
Peatonal	المشاة
Peligro	خطر
Policía	شرطة
Seguridad	أمن
Transporte	النقل
Tráfico	حركة المرور
Túnel	نفق
Velocidad	سرعة

Conservación

الحفظ

Agua	ماء
Ambiental	البيئة
Cambios	التغييرات
Ciclo	دورة
Clima	مناخ
Contaminación	التلوث
Ecosistema	النظام البيئي
Educación	تعليم
Hábitat	الموئل
Natural	طبيعي
Orgánico	عضوي
Pesticida	مبيد الآفات
Preocupación	قلق
Reciclar	إعادة التدوير
Reducir	خفض
Salud	الصحة
Sostenible	مستدام
Verde	أخضر
Voluntario	متطوع

Cuerpo Humano

جسم الإنسان

Barbilla	ذقن
Boca	فم
Cabeza	رئيس
Cara	وجه
Cerebro	دماغ
Codo	كوع
Corazón	قلب
Cuello	رقبة
Dedo	إصبع
Hombro	كتف
Lengua	لسان
Mano	يد
Nariz	أنف
Ojo	عين
Oreja	أذن
Piel	جلد
Pierna	رجل
Rodilla	ركبة
Sangre	دم
Tobillo	كاحل

Cumpleaños
عيد ميلاد

Amigos	اصحاب
Año	سنة
Aprender	ليتعلم
Calendario	تقويم
Canción	أغنية
Celebración	احتفال
Diversión	مرح
Día	يوم
Especial	خاص
Feliz	سعيد
Invitaciones	الدعوات
Joven	شاب
Nacer	ولد
Pastel	كيك
Recuerdos	ذكريات
Regalo	هدية
Sabiduría	حكمة
Tarjetas	بطاقات
Tiempo	الوقت
Velas	الشموع

Deportes
الرياضة

Atleta	رياضي
Árbitro	حكم
Baloncesto	كرة السلة
Béisbol	بيسبول
Bicicleta	دراجة
Campeonato	بطولة
Entrenador	مدرب
Equipo	فريق
Estadio	ملعب
Ganador	الفائز
Gimnasia	رياضة بدنية
Golf	جولف
Hockey	هوكي
Juego	لعبة
Jugador	لاعب
Movimiento	حركة
Nadar	للسباحة
Tenis	تنس

Dinosaurios
الديناصورات

Alas	أجنحة
Cola	ذيل
Desaparición	اختفاء
Enorme	ضخم
Especie	الأنواع
Evolución	تطور
Fósiles	الحفريات
Grande	كبير
Mamut	الماموث
Omnívoro	آكلة اللحوم
Poderoso	قوي
Prehistórico	قبل التاريخ
Presa	فريسة
Raptor	رابتور
Reptil	الزواحف
Tamaño	حجم
Tierra	أرض
Vicioso	وحشي

Disciplinas Científicas
التخصصات العلمية

Anatomía	تشريح
Arqueología	علم الآثار
Astronomía	علم الفلك
Biología	بيولوجيا
Botánica	علم النبات
Ecología	علم البيئة
Fisiología	فيزيولوجيا
Física	الفيزياء
Geología	جيولوجيا
Inmunología	علم المناعة
Lingüística	لسانيات
Mecánica	ميكانيكا
Mineralogía	علم المعادن
Neurología	علم الأعصاب
Nutrición	تغذية
Psicología	علم النفس
Química	كيمياء
Robótica	الروبوتات
Sociología	علم الاجتماع
Zoología	علم الحيوان

Días y Meses
الأيام والأشهر

Abril	أبريل
Agosto	أغسطس
Año	سنة
Calendario	تقويم
Domingo	الأحد
Enero	يناير
Febrero	فبراير
Jueves	الخميس
Julio	يوليو
Junio	يونيو
Lunes	الاثنين
Martes	الثلاثاء
Mes	شهر
Miércoles	الأربعاء
Noviembre	نوفمبر
Octubre	أكتوبر
Sábado	السبت
Semana	أسبوع
Septiembre	سبتمبر
Viernes	الجمعة

Ecología
علم البيئة

Clima	مناخ
Comunidades	مجتمعات
Diversidad	تنوع
Especie	الأنواع
Fauna	الحيوانات
Flora	النباتية
Global	عالمي
Hábitat	الموئل
Marino	البحرية
Natural	طبيعي
Naturaleza	طبيعة
Pantano	اهوار
Plantas	نباتات
Recursos	الموارد
Sequía	جفاف
Sostenible	مستدام
Supervivencia	نجاة
Variedad	نوع
Vegetación	نبت
Voluntarios	المتطوعون

Edificios
المباني

Albergue	نزل
Apartamento	شقة
Castillo	قلعة
Cine	سينما
Embajada	السفارة
Escuela	مدرسة
Estadio	ملعب
Fábrica	مصنع
Garaje	كراج
Granero	حظيرة
Granja	مزرعة
Hospital	مستشفى
Hotel	فندق
Laboratorio	مختبر
Museo	متحف
Observatorio	مرصد
Supermercado	سوبر ماركت
Teatro	مسرح
Torre	برج
Universidad	جامعة

Emociones
العواطف

Aburrimiento	ملل
Agradecido	شاكر
Alegría	مرح
Amor	حب
Avergonzado	محرج
Beatitud	النعيم
Bondad	اللطف
Calma	هدوء
Contenido	محتوى
Emocionado	متحمس
Ira	غضب
Miedo	خوف
Paz	سلام
Satisfecho	راض
Simpatía	ميل
Sorpresa	مفاجأة
Ternura	حنان
Tranquilidad	الهدوء
Tristeza	حزن

Escuela #1
المدرسة #1

Alfabeto	الأبجدية
Almuerzo	غداء
Amigos	اصحاب
Aprender	ليتعلم
Aula	صف
Biblioteca	مكتبة
Carpetas	المجلدات
Escritorio	مكتب
Examen	لغز
Exámenes	الامتحانات
Lápiz	قلم
Libros	الكتب
Marcadores	علامات
Matemática	الرياضيات
Números	الأرقام
Papel	ورق
Plumas	أقلام
Profesor	مدرس
Respuestas	الأجوبة
Silla	كرسي

Escuela #2
المدرسة #2

Académico	أكاديمي
Autobús	حافلة
Biblioteca	مكتبة
Calendario	تقويم
Ciencia	علم
Diccionario	قاموس
Educación	تعليم
Gramática	قواعد
Juegos	ألعاب
Lápiz	قلم
Lectura	قراءة
Libros	الكتب
Literatura	أدب
Mochila	حقيبة ظهر
Ordenador	الحاسوب
Papel	ورق
Profesor	مدرس
Ropa	ملابس
Suministros	اللوازم
Tijeras	مقص

Especias
التوابل

Agrio	حامض
Ajo	ثوم
Amargo	مر
Anís	اليانسون
Azafrán	زعفران
Canela	قرفة
Cebolla	بصل
Clavo	القرنفل
Comino	كمون
Curry	كاري
Dulce	حلو
Hinojo	الشمرة
Jengibre	زنجبيل
Nuez Moscada	جوزة الطيب
Pimentón	فلفل أحمر
Pimienta	فلفل
Regaliz	عرق السوس
Sabor	نكهة
Sal	ملح
Vainilla	فانيلا

Exploración
الاستكشاف

Actividad	نشاط
Agotamiento	نزف
Animales	الحيوانات
Aprender	ليتعلم
Coraje	شجاعة
Culturas	الثقافات
Desconocido	غير معروف
Descubrimiento	اكتشاف
Determinación	عزم
Distante	بعيد
Emoción	الإثارة
Espacio	فضاء
Idioma	لغة
Nuevo	الجديد
Salvaje	بري
Terreno	التضاريس
Viaje	السفر

Familia
عائلة

Abuela	جدة
Abuelo	جد
Antepasado	سلف
Esposa	زوجة
Hermana	أخت
Hermano	شقيق
Hija	ابنة
Infancia	مرحلة الطفولة
Madre	أم
Marido	الزوج
Materno	الأم
Nieto	حفيد
Niño	طفل
Niños	الأطفال
Padre	أب
Paterno	الأب
Primo	ابن عم
Sobrino	ابن أخ
Tía	عمة
Tío	العم

Flores
زهور

Amapola	الخشخاش
Diente de León	الهندباء
Gardenia	جاردينيا
Girasol	عباد الشمس
Hibisco	الكركديه
Jazmín	ياسمين
Lavanda	خزامى
Lila	أرجواني
Lirio	زنبق
Magnolia	ماغنوليا
Margarita	ديزي
Narciso	النرجس البري
Orquídea	السحلب
Pasionaria	زهرة العاطفة
Peonía	الفاوانيا
Pétalo	البتلة
Ramo	باقة أزهار
Rosa	وردة
Trébol	نفل
Tulipán	توليب

Formas
الأشكال

Arco	قوس
Bordes	حواف
Cilindro	اسطوانة
Círculo	دائرة
Cono	مخروط
Cuadrado	مربع
Cubo	مكعب
Curva	منحنى
Esquina	ركن
Hipérbola	القطع الزائد
Lado	الجانب
Línea	خط
Oval	البيضاوي
Pirámide	هرم
Polígono	مضلع
Prisma	موشور
Rectángulo	مستطيل
Ronda	مستدير
Triángulo	مثلث

Fruta
فاكهة

Aguacate	أفوكادو
Albaricoque	مشمش
Baya	بيري
Cereza	كرز
Ciruela	برقوق
Coco	جوز الهند
Frambuesa	توت العليق
Granada	رمان
Kiwi	كيوي
Limón	ليمون
Mango	مانجو
Manzana	تفاح
Melocotón	خوخ
Melón	شمام
Naranja	برتقالي
Papaya	بابايا
Pera	كمثرى
Piña	أناناس
Plátano	موز
Uva	عنب

Gatos
القطط

Afectuoso	حنون
Cazador	صياد
Cola	ذيل
Curioso	فضولي
Dormir	نوم
Gracioso	مضحك
Hilo	غزل
Independiente	مستقل
Juguetón	لعوب
Loco	مجنون
Pata	مخلب
Personalidad	شخصية
Piel	فرو
Poco	قليل
Ratón	فأر
Rápido	بسرعة
Salvaje	بري
Tímido	خجول

Geografía
الجغرافيا

Altitud	ارتفاع
Atlas	أطلس
Ciudad	مدينة
Continente	قارة
Ecuador	خط الاستواء
Este	الشرق
Isla	جزيرة
Latitud	خط العرض
Longitud	خط الطول
Mapa	خريطة
Mar	بحر
Meridiano	ميريديان
Montaña	جبل
Mundo	العالمية
Norte	شمال
Oeste	غرب
País	بلد
Río	نهر
Sur	جنوب
Territorio	منطقة

Geología
جيولوجيا

Ácido	حمض
Calcio	الكالسيوم
Capa	طبقة
Caverna	كهف
Continente	قارة
Coral	المرجان
Cristales	بلورات
Cuarzo	مرو
Erosión	تآكل
Estalagmitas	الصواعد
Fósil	حفرية
Géiser	سخان
Lava	الحمم
Meseta	هضبة
Minerales	المعادن
Piedra	حجر
Sal	ملح
Terremoto	زلزال
Volcán	بركان
Zona	منطقة

Granja #1
مزرعة #1

Abeja	نحلة
Agricultura	زراعة
Agua	ماء
Arroz	أرز
Burro	حمار
Caballo	حصان
Cabra	ماعز
Campo	حقل
Cuervo	غراب
Fertilizante	سماد
Gato	قط
Heno	تبن
Miel	عسل
Perro	كلب
Pollo	دجاج
Semillas	بذور
Ternero	عجل
Tierra	الأرض
Vaca	بقرة
Valla	سياج

Granja #2
مزرعة #2

Agricultor	مزارع
Animales	الحيوانات
Cebada	شعير
Comida	طعام
Fruta	فاكهة
Granero	حظيرة
Huerto	بستان
Leche	حليب
Llama	لهب
Maduro	ناضج
Maíz	حبوب ذرة
Molino	طاحونة هوائية
Oveja	خروف
Pastor	الراعي
Pato	بطة
Prado	مرج
Riego	الري
Tractor	جرار
Trigo	قمح
Vegetal	الخضروات

Herboristería
الأعشاب

Ajo	ثوم
Albahaca	ريحان
Aromático	عطري
Azafrán	زعفران
Calidad	جودة
Culinario	الطهي
Eneldo	شبت
Estragón	الطرخون
Flor	زهرة
Hinojo	الشمرة
Ingrediente	العنصر
Jardín	حديقة
Lavanda	خزامى
Mejorana	مردقوش
Menta	نعناع
Perejil	بقدونس
Planta	مصنع
Romero	إكليل الجبل
Sabor	نكهة
Verde	أخضر

Insectos
الحشرات

Abeja	نحلة
Avispa	دبور
Avispón	الدبور
Áfido	المن
Cigarra	الزيز
Cucaracha	صرصور
Escarabajo	خنفساء
Gusano	دودة
Hormiga	نملة
Langosta	جرادة
Larva	يرقة
Libélula	اليعسوب
Mantis	فرس النبي
Mariposa	فراشة
Mariquita	الخنفساء
Mosquito	البعوض
Polilla	عثة
Pulga	برغوث
Saltamontes	جندب
Termita	أرضة

Instrumentos Musicales
آلات موسيقية

Armónica	هارمونيكا
Arpa	جنك
Banjo	البانجو
Clarinete	مزمار
Fagot	باسون
Flauta	ناي
Gong	ناقوس
Guitarra	قيثارة
Mandolina	مندولين
Marimba	ماريمبا
Oboe	المزمار
Pandereta	دف صغير
Percusión	قرع
Piano	بيانو
Saxofón	ساكسفون
Tambor	طبل
Trombón	الترومبون
Trompeta	بوق
Violín	كمان
Violonchelo	التشيلو

Jardín
حديقة

Arbusto	شوب
Árbol	شجرة
Banco	مقعد
Estanque	بركة
Flor	زهرة
Garaje	كراج
Hamaca	أرجوحة
Hierba	عشب
Huerto	بستان
Jardín	حديقة
Malezas	الأعشاب
Manguera	خرطوم
Pala	مجرفة
Porche	رواق
Rastrillo	أشعل النار
Rocas	الصخور
Suelo	تربة
Terraza	مصطبة
Trampolín	الترامبولين
Valla	سياج

Juguetes
ألعاب

Ajedrez	شطرنج
Arcilla	طين
Artesanía	الحرف
Avión	طائرة
Barco	قارب
Bicicleta	دراجة
Bola	كرة
Camión	شاحنة
Coche	سيارة
Cometa	طائرة ورقية
Favorito	مفضل
Imaginación	خيال
Juegos	ألعاب
Libros	الكتب
Muñeca	دمية
Pinturas	الدهانات
Robot	روبوت
Rompecabezas	لغز
Tambores	الطبول
Tren	قطار

Libros
كتب

Autor	مؤلف
Aventura	مغامرة
Colección	مجموعة
Contexto	سياق الكلام
Dualidad	الازدواجية
Escrito	مكتوب
Historia	قصة
Histórico	تاريخي
Humorístico	روح الدعابة
Inventivo	مبدع
Lector	قارئ
Literario	أدبي
Narrador	الراوي
Novela	رواية
Página	صفحة
Pertinente	ذات الصلة
Poema	قصيدة
Poesía	شعر
Serie	سلسلة
Trágico	مأساوي

Literatura
الأدب

Analogía	القياس
Análisis	تحليل
Anécdota	حكاية
Autor	مؤلف
Comparación	مقارنة
Conclusión	استنتاج
Descripción	وصف
Diálogo	حوار
Estilo	نمط
Ficción	خيال
Metáfora	استعارة
Narrador	الراوي
Novela	رواية
Opinión	رأي
Poema	قصيدة
Poético	شاعري
Rima	قافية
Ritmo	إيقاع
Tema	موضوع
Tragedia	مأساة

Mamíferos
الثدييات

Ballena	حوت
Burro	حمار
Caballo	حصان
Camello	جمل
Canguro	كنغر
Cebra	حمار وحشي
Conejo	أرنب
Coyote	ذئب البراري
Delfín	دولفين
Elefante	الفيل
Gato	قط
Gorila	الغوريل
Jirafa	زرافة
Lobo	ذئب
Mono	قرد
Oso	يتحمل
Oveja	خروف
Perro	كلب
Toro	ثور
Zorro	ثعلب

Mascotas
الحيوانات الأليفة

Agua	ماء
Cabra	ماعز
Cachorro	جرو
Cola	ذيل
Collar	طوق
Comida	طعام
Conejo	أرنب
Correa	رباط
Garras	مخالب
Gatito	هريرة
Gato	قط
Lagarto	سحلية
Loro	ببغاء
Patas	الكفوف
Perro	كلب
Pescado	سمك
Ratón	فأر
Tortuga	سلحفاة
Vaca	بقرة
Veterinario	طبيب بيطري

Matemáticas
الرياضيات

Aritmética	حساب
Ángulos	زوايا
Circunferencia	محيط
Cuadrado	مربع
Decimal	عشري
Diámetro	قطر
Ecuación	معادلة
Exponente	أس
Fracción	جزء
Geometría	هندسة
Grados	درجات
Números	الأرقام
Paralelo	موازي
Perpendicular	عمودي
Polígono	مضلع
Rectángulo	مستطيل
Simetría	تناظر
Suma	مجموع
Triángulo	مثلث
Volumen	الصوت

Mediciones
القياسات

Altura	ارتفاع
Ancho	عرض
Byte	بايت
Centímetro	سنتيمتر
Decimal	عشري
Grado	درجة
Gramo	غرام
Kilogramo	كيلوغرام
Kilómetro	كيلومتر
Litro	لتر
Longitud	الطول
Masa	كتلة
Metro	متر
Minuto	دقيقة
Onza	أوقية
Peso	وزن
Profundidad	عمق
Pulgada	بوصة
Tonelada	طن
Volumen	الصوت

Meditación
التأمل

Aceptación	قبول
Atención	انتباه
Bondad	اللطف
Calma	هدوء
Claridad	وضوح
Compasión	عطف
Emociones	العواطف
Gratitud	شكر
Mental	عقلي
Mente	عقل
Movimiento	حركة
Música	موسيقى
Naturaleza	طبيعة
Observación	المراقبة
Paz	سلام
Pensamientos	أفكار
Perspectiva	المنظور
Postura	الموقف
Respiración	التنفس
Silencio	الصمت

Mitología
الميثولوجيا

Celos	الغيرة
Cielo	السماء
Comportamiento	سلوك
Creación	خلق
Creencias	المعتقدات
Criatura	مخلوق
Cultura	ثقافة
Deidades	الآلهة
Desastre	كارثة
Fuerza	قوة
Guerrero	محارب
Héroe	بطل
Inmortalidad	خلود
Laberinto	متاهة
Leyenda	أسطورة
Monstruo	مسخ
Mortal	مميت
Rayo	برق
Trueno	رعد
Venganza	انتقام

Mueble
أثاث

Alfombra	سجادة
Almohada	وسادة
Banco	مقعد
Cama	سرير
Cojines	وسائد
Colchón	فراش
Cortinas	ستائر
Cómoda	دمضم
Edredones	المعزون
Escritorio	مكتب
Espejo	مرآة
Estantes	رفوف
Futón	فوتون
Hamaca	أرجوحة
Lámpara	مصباح
Silla	كرسي
Sofá	أريكة

Naturaleza
الطبيعة

Abejas	النحل
Animales	الحيوانات
Ártico	القطب الشمالي
Belleza	جمال
Bosque	غابة
Desierto	صحراء
Dinámico	متحرك
Erosión	تآكل
Follaje	أوراق الشجر
Glaciar	مثلجة
Niebla	ضباب
Nubes	سحاب
Pacífico	سلمي
Refugio	مأوى
Río	نهر
Salvaje	بري
Santuario	ملاذ
Sereno	هادئ
Tropical	استوائي
Vital	حيوي

Nutrición
التغذية

Amargo	مر
Apetito	شهية
Calidad	جودة
Carbohidratos	الكربوهيدرات
Cereales	الحبوب
Comestible	صالح للأكل
Dieta	حمية
Digestión	هضم
Equilibrado	متوازن
Fermentación	تخمير
Hábitos	العادات
Nutriente	المغذي
Peso	وزن
Proteínas	البروتينات
Sabor	نكهة
Salsa	صلصة
Salud	الصحة
Saludable	صحي
Toxina	سم
Vitamina	فيتامين

Números
أرقام

Catorce	أربعة عشر
Cero	صفر
Cinco	خمسة
Cuatro	أربعة
Decimal	عشري
Diecinueve	تسعة عشر
Dieciocho	ثمانية عشر
Dieciséis	ستة عشر
Diecisiete	سبعة عشر
Diez	عشرة
Doce	اثنا عشر
Dos	اثنان
Nueve	تسعة
Ocho	ثمانية
Quince	خمسة عشر
Seis	ستة
Siete	سبعة
Trece	ثلاثة عشر
Tres	ثلاثة
Veinte	عشرون

Océano
محيط

Alga	الطحالب
Anguila	ثعبان
Atún	تونة
Ballena	حوت
Barco	قارب
Camarón	جمبري
Cangrejo	سرطان
Coral	المرجان
Delfín	دولفين
Esponja	إسفنج
Mareas	المد والجزر
Medusa	قنديل البحر
Olas	أمواج
Ostra	محار
Pescado	سمك
Pulpo	أخطبوط
Sal	ملح
Tiburón	قرش
Tormenta	عاصفة
Tortuga	سلحفاة

Paisajes
المناظر الطبيعية

Cascada	شلال
Cueva	كهف
Desierto	صحراء
Estuario	مصب
Géiser	سخان
Glaciar	مثلجة
Iceberg	جبل جليد
Isla	جزيرة
Lago	بحيرة
Laguna	لاجون
Mar	بحر
Montaña	جبل
Oasis	واحة
Pantano	مستنقع
Península	شبه جزيرة
Playa	شاطئ
Río	نهر
Tundra	تندرا
Valle	وادي
Volcán	بركان

Países #2
البلدان #2

Albania	ألبانيا
Australia	أستراليا
Austria	النمسا
Dinamarca	الدنمارك
Etiopía	أثيوبيا
Francia	فرنسا
Grecia	اليونان
Indonesia	إندونيسيا
Irlanda	أيرلندا
Jamaica	جامايكا
Japón	اليابان
Laos	لاوس
México	المكسيك
Pakistán	باكستان
Portugal	البرتغال
Rusia	روسيا
Siria	سوريا
Sudán	السودان
Ucrania	أوكرانيا
Uganda	أوغندا

Pájaros
الطيور

Avestruz	نعامة
Águila	نسر
Cigüeña	اللقلق
Cisne	بجعة
Cuco	الوقواق
Cuervo	غراب
Flamenco	نحام
Ganso	إوز
Garza	هيرون
Gaviota	نورس
Gorrión	عصفور
Halcón	هوك
Huevo	بيضة
Loro	ببغاء
Paloma	حمامة
Pato	بط
Pelícano	البجع
Pingüino	البطريق
Pollo	دجاج
Tucán	طوقان

Pesca
صيد الأسماك

Agua	ماء
Aletas	زعانف
Barco	قارب
Branquias	خياشيم
Cable	سلك
Cebo	طعم
Cesta	سلة
Equipo	معدات
Exageración	مبالغة
Gancho	خطاف
Lago	بحيرة
Mandíbula	فك
Océano	محيط
Paciencia	صبر
Peso	وزن
Playa	شاطئ
Río	نهر
Temporada	الموسم

Piratas
قراصنة

Ancla	مرساة
Aventura	مغامرة
Bandera	علم
Brújula	بوصلة
Capitán	كابتن
Cicatriz	ندبة
Cueva	كهف
Espada	سيف
Isla	جزيرة
Leyenda	أسطورة
Loro	ببغاء
Malo	سيء
Mapa	خريطة
Monedas	عملات معدنية
Oro	ذهب
Peligro	خطر
Playa	شاطئ
Ron	رم
Tesoro	كنز
Tripulación	طاقم

Plantas
النباتات

Arbusto	شوب
Árbol	شجرة
Bambú	بامبو
Baya	بيري
Bosque	غابة
Botánica	علم النبات
Cactus	صبار
Fertilizante	سماد
Flor	زهرة
Flora	النباتية
Follaje	أوراق الشجر
Frijol	فاصوليا
Hiedra	لبلاب
Hierba	عشب
Hoja	ورقة
Jardín	حديقة
Musgo	طحلب
Pétalo	البتلة
Raíz	جذر
Vegetación	نبت

Playa
شاطئ بحر

Arena	رمل
Azul	أزرق
Barco	قارب
Cangrejo	سرطان
Costa	ساحل
Isla	جزيرة
Laguna	لاجون
Mar	بحر
Nadar	للسباحة
Océano	محيط
Paraguas	مظلة
Sandalias	صندل
Sol	شمس
Toalla	منشفة
Vacaciones	عطلة
Velero	مركب شراعي

Profesiones #1
المهن #1

Abogado	محامي
Astrónomo	فلكي
Atleta	رياضي
Bailarín	راقصة
Banquero	مصرفي
Bombero	رجال الاطفاء
Cartógrafo	رسام خرائط
Cazador	صياد
Científico	عالم
Doctor	طبيب
Editor	محرر
Embajador	سفير
Enfermera	ممرض
Entrenador	مدرب
Fontanero	سباك
Geólogo	جيولوجي
Joyero	صائغ
Pianista	عازف البيانو
Psicólogo	علم النفس
Veterinario	طبيب بيطري

Profesiones #2
المهن #2

Agricultor	مزارع
Astronauta	رائد فضاء
Bibliotecario	أمين المكتبة
Biólogo	أحيائي
Cirujano	جراح
Dentista	طبيب أسنان
Detective	محقق
Filósofo	فيلسوف
Ilustrador	المصور
Ingeniero	مهندس
Inventor	مخترع
Investigador	باحث
Jardinero	بستاني
Lingüista	لغوي
Médico	طبيب
Periodista	صحفي
Piloto	طيار
Pintor	دهان
Profesor	مدرس
Zoólogo	عالم الحيوان

Rellenar
للتعبئة

Bandeja	صينية
Barril	برميل
Bolsa	كيس
Bolsillo	جيب
Botella	زجاجة
Caja	قفص
Cajón	الدرج
Carpeta	مجلد
Cartón	كرتون
Cesta	سلة
Cubo	دلو
Cuenca	حوض
Jarrón	زهرية
Maleta	حقيبة سفر
Paquete	حزمة
Sobre	مغلف
Tarro	جرة
Tubo	أنبوب

Restaurante #1
مطعم #1

Alergia	حساسية
Café	قهوة
Cajero	صراف
Camarera	نادلة
Carne	لحم
Cocina	مطبخ
Comer	لتناول الطعام
Comida	طعام
Cuchillo	سكين
Ingredientes	مكونات
Menú	قائمة
Pan	خبز
Picante	حار
Plato	طبق
Pollo	دجاج
Postre	حلوى
Reserva	حجز
Salsa	صلصة
Servilleta	منديل
Tazón	وعاء

Restaurante #2
مطعم رقم 2

Agua	ماء
Almuerzo	غداء
Bebida	مشروب
Camarero	النادل
Cena	عشاء
Cuchara	ملعقة
Delicioso	لذيذ
Ensalada	سلطة
Especias	توابل
Fideos	المعكرونة
Fruta	فاكهة
Hielo	جليد
Huevos	بيض
Pastel	كيك
Pescado	سمك
Sal	ملح
Silla	كرسي
Sopa	حساء
Tenedor	شوكة
Verduras	خضروات

Ropa
ملابس

Abrigo	معطف
Blusa	بلوزة
Bufanda	وشاح
Camisa	قميص
Chaqueta	السترة
Cinturón	حزام
Collar	قلادة
Delantal	مئزر
Falda	تنورة
Guantes	قفازات
Joyas	مجوهرات
Moda	موضة
Pantalones	سراويل
Pijama	ملابس نوم
Pulsera	سوار
Sandalias	صنادل
Sombrero	قبعة
Suéter	سترة
Vestido	فستان
Zapato	حذاء

Selva Tropical
الغابات المطيرة

Anfibios	البرمائيات
Botánico	نباتي
Clima	مناخ
Comunidad	ملة
Diversidad	تنوع
Especie	الأنواع
Indígena	أصلي
Insectos	الحشرات
Mamíferos	الثدييات
Musgo	طحلب
Naturaleza	طبيعة
Nubes	سحاب
Pájaros	الطيور
Preservación	حفظ
Refugio	ملجأ
Respeto	احترام
Restauración	استعادة
Selva	الغابة
Supervivencia	نجاة
Valioso	ذو قيمة

Senderismo
التنزه

Acantilado	جرف
Agua	ماء
Animales	الحيوانات
Botas	أحذية
Camping	تخييم
Cansado	متعب
Clima	مناخ
Cumbre	قمة
Mapa	خريطة
Montaña	جبل
Mosquitos	البعوض
Naturaleza	طبيعة
Orientación	اتجاه
Parques	الحدائق
Pesado	ثقيل
Piedras	الحجارة
Preparación	تحضير
Salvaje	بري
Sol	شمس

Suministros de Arte
لوازم الفن

Aceite	نفط
Acrílico	أكريليك
Acuarelas	ألوان مائية
Agua	ماء
Arcilla	طين
Borrador	ممحاة
Caballete	الحامل
Cámara	كاميرا
Cepillos	فرش
Colores	الألوان
Creatividad	إبداع
Ideas	الأفكار
Lápices	أقلام الرصاص
Mesa	طاولة
Papel	ورق
Pasteles	الباستيل
Pegamento	صمغ
Pinturas	الدهانات
Silla	كرسي
Tinta	حبر

Surf
ركوب الأمواج

Atleta	رياضي
Campeón	بطل
Clima	طقس
Diversión	مرح
Espuma	رغوة
Estilo	نمط
Estómago	المعدة
Extremo	متطرف
Fuerza	قوة
Multitudes	الحشود
Nadar	للسباحة
Océano	محيط
Ola	موجة
Playa	شاطئ
Popular	شعبي
Principiante	مبتدئ
Remo	مجداف
Rociar	رش
Velocidad	سرعة

Tecnología
تقنية

Archivo	ملف
Blog	مدونة
Bytes	بايت
Cámara	كاميرا
Cursor	المؤشر
Datos	البيانات
Digital	رقمي
Estadísticas	الإحصاء
Fuente	خط
Internet	إنترنت
Investigación	بحث
Mensaje	رسالة
Navegador	المتصفح
Ordenador	الحاسوب
Pantalla	شاشة
Seguridad	أمن
Software	برمجيات
Virtual	افتراضية
Virus	فيروس

Tiempo
الوقت

Ahora	الآن
Antes	قبل
Anual	سنوي
Año	سنة
Ayer	أمس
Calendario	تقويم
Década	العقد
Día	يوم
Futuro	مستقبل
Hora	ساعة
Hoy	اليوم
Mañana	صباح
Mediodía	وقت الظهيرة
Mes	شهر
Minuto	دقيقة
Momento	لحظة
Noche	الليل
Semana	أسبوع
Siglo	قرن
Temprano	مبكرا

Tipos de Cabello
أنواع الشعر

Blanco	أبيض
Brillante	لامع
Calvo	أصلع
Corto	قصيرة
Delgada	رقيق
Gris	رمادي
Grueso	سميك
Largo	طويل
Marrón	بني
Negro	أسود
Ondulado	متموج
Plata	فضة
Rizado	مجعد
Rizos	تجعيد الشعر
Rubio	أشقر
Saludable	صحي
Seco	جاف
Suave	ناعم
Trenzado	مضفر
Trenzas	الضفائر

Vacaciones #2
عطلة #2

Aeropuerto	مطار
Carpa	خيمة
Destino	وجهة
Extranjero	أجنبي
Fotos	الصور
Hotel	فندق
Isla	جزيرة
Mapa	خريطة
Mar	بحر
Ocio	الترفيه
Pasaporte	جواز سفر
Playa	شاطئ
Reservas	التحفظات
Restaurante	مطعم
Taxi	تاكسي
Transporte	النقل
Tren	قطار
Vacaciones	عطلة
Viaje	رحلة
Visa	تأشيرة

Vehículos
المركبات

Ambulancia	سيارة إسعاف
Autobús	حافلة
Avión	طائرة
Balsa	طوف
Barco	قارب
Bicicleta	دراجة
Camión	شاحنة
Caravana	قافلة
Coche	سيارة
Cohete	صاروخ
Ferry	العبارة
Helicóptero	هليكوبتر
Lanzadera	المكوك
Metro	مترو
Motor	محرك
Neumáticos	الإطارات
Submarino	غواصة
Taxi	تاكسي
Tractor	جرار
Tren	قطار

Verano
الصيف

Alegría	مرح
Amigos	اصحاب
Buceo	الغوص
Camping	تخييم
Comida	طعام
Estrellas	النجوم
Familia	أسرة
Jardín	حديقة
Juegos	ألعاب
Libros	الكتب
Mar	بحر
Música	موسيقى
Nadar	للسباحة
Ocio	الترفيه
Playa	شاطئ
Recuerdos	ذكريات
Relajación	استرخاء
Sandalias	صندل
Vacaciones	عطلة
Viaje	السفر

Verduras
خضروات

Ajo	ثوم
Alcachofa	خرشوف
Apio	كرفس
Berenjena	باذنجان
Brócoli	بروكلي
Calabaza	يقطين
Cebolla	بصل
Ensalada	سلطة
Espinacas	سبانخ
Guisante	بازلاء
Jengibre	زنجبيل
Nabo	لفت
Oliva	زيتون
Patata	البطاطس
Pepino	خيار
Perejil	بقدونس
Rábano	فجل
Seta	فطر
Tomate	طماطم
Zanahoria	جزر

Virtudes #1
الفضائل #1

Apasionado	عاطفي
Artístico	فني
Bien	حسن
Curioso	فضولي
Decisivo	حاسم
Eficiente	فعالة
Encantador	ساحر
Fiable	موثوق به
Generoso	كريم
Gracioso	مضحك
Imaginativo	الخيال
Independiente	مستقل
Inteligente	ذكي
Limpio	نظيف
Modesto	متواضع
Paciente	صبور
Práctico	عملي
Sabio	حكيم
Útil	مفيد

Enhorabuena

Lo has conseguido!

Esperamos que hayas disfrutado de este libro tanto como nosotros al diseñarlo. Nos esforzamos por crear libros de la máxima calidad posible.
Esta edición está diseñada para proporcionar un aprendizaje inteligente, de calidad y divertido!

¿Te ha gustado este libro?

Una Petición Sencilla

Estos libros existen gracias a las reseñas que se publican.
¿Podrías ayudarnos dejando una reseña ahora?
Aquí tienes un breve enlace a la página de reseñas

BestBooksActivity.com/Opiniones50

¡DESAFÍO FINAL!

Reto n°1

¿Estás listo para tu juego gratis? Los utilizamos siempre, pero no son tan fáciles de encontrar. ¡Aquí están los **Sinónimos!**

Escribe 5 palabras que hayas encontrado en los rompecabezas (#21, #36, #76) y trata de encontrar 2 sinónimos para cada palabra.

Escriba 5 palabras del *Puzzle 21*

Palabras	Sinónimo 1	Sinónimo 2

Escriba 5 palabras del *Puzzle 36*

Palabras	Sinónimo 1	Sinónimo 2

Escriba 5 palabras del *Puzzle 76*

Palabras	Sinónimo 1	Sinónimo 2

Reto n°2

Ahora que te has calentado, escribe 5 palabras que hayas encontrado en los Puzzles 9, 17 y 25 e intenta encontrar 2 antónimos para cada palabra. ¿Cuántos puedes encontrar en 20 minutos?

Escriba 5 palabras del **Puzzle 9**

Palabras	Antónimo 1	Antónimo 2

Escriba 5 palabras del **Puzzle 17**

Palabras	Antónimo 1	Antónimo 2

Escriba 5 palabras del **Puzzle 25**

Palabras	Antónimo 1	Antónimo 2

Reto n°3

¡Genial! Este desafío final  no es nada para ti.

¿Preparado para el reto final? Elige 10 palabras que hayas descubierto en los diferentes rompecabezas y escríbelas a continuación.

1.	6.
2.	7.
3.	8.
4.	9.
5.	10.

Ahora escribe un texto pensando en una persona, un animal o un lugar que te guste.

Puedes usar la última página de este libro como borrador.

Tu Composición:

CUADERNO DE NOTAS :

HASTA PRONTO !

Todo el Equipo

DESCUBRA JUEGOS GRATIS

GO

BESTACTIVITYBOOKS.COM/FREEGAMES